新制造智能管理实战系列

# 智能仓储管理实战手册

党争奇　编著

化学工业出版社

·北京·

《智能仓储管理实战手册》是为仓储管理人员打造的个人成长与工作手册，以智能化仓储管理为主线，内容全面而实用。全书共六章，主要包括智能仓储概述、智能仓储的规划布局、智能仓储的硬件建设、智能仓储的软件系统、智能仓储的配套管理和智能仓储的应用案例等内容。

本书模块化设置，内容实用性强，着重突出可操作性，不仅为仓储管理人员提供了实用的工作思路和管理模板，还为其开展工作提供了重要的参考资料。

### 图书在版编目（CIP）数据

智能仓储管理实战手册／党争奇编著．—北京：化学工业出版社，2020.1（2022.4重印）
（新制造智能管理实战系列）
ISBN 978-7-122-35334-4

Ⅰ．①智… Ⅱ．①党… Ⅲ．①智能技术-应用-企业管理-仓库管理-手册　Ⅳ．①F273.4-39

中国版本图书馆CIP数据核字（2019）第223130号

---

责任编辑：陈　蕾　　　　　　　　　　装帧设计：尹琳琳
责任校对：王　静

---

出版发行：化学工业出版社（北京市东城区青年湖南街13号　邮政编码100011）
印　　装：涿州市般润文化传播有限公司
710mm×1000mm　1/16　印张12¼　字数224千字　2022年4月北京第1版第2次印刷

购书咨询：010-64518888　　　　　　　售后服务：010-64518899
网　　址：http://www.cip.com.cn
凡购买本书，如有缺损质量问题，本社销售中心负责调换。

---

定　价：68.00元　　　　　　　　　　　　　　　　　版权所有　违者必究

# 前言 PREFACE

"新制造，让生产更加智能化"。新制造作为新一轮科技革命和产业变革的重要驱动力，正在中国大地掀起创新热潮。

当前，全球制造业正加快迈向数字化、智能化时代，智能制造对制造业竞争力的影响越来越大。智能制造就是面向产品全生命周期，实现泛在感知条件下的信息化制造。

目前，基于信息物理系统的智能装备、智能工厂等智能制造正在引领制造方式变革，再加上5G技术的应用，必将推动中国制造向智能化转型。在这样的背景下，我国的制造企业也开始转型和提升管理水平，通过信息化变革、创新绿色供应链、改善企业内部的生存环境等举措，来实现新的发展，同时在战略上实现订单驱动型向管理驱动型的转变，为迈向工业信息化抢占先机。

作为智能制造的一个重要组成部分，智能仓储正在受到业界的高度关注，并将迎来高速发展，由此带动智慧物流的发展。但是，目前我国企业仓储存在的主要问题是利用率低、效果不明显、规模不确定、优势不突出，使许多库场资源闲置，特别是一些产品批量小而单一的生产企业实现仓库自动化，库场设施设备资源闲置与重复配置矛盾突出。在现代科技技术的飞速发展和工业生产的发展带动下，仓储的功能不单单只是以往的"储存"和"管理"，越来越多的企业对仓储的要求更趋向于自动化、智能化，柔性制造系统、计算机集成制造系统和工厂自动化对自动化仓储更是提出更高的要求，包括具有更可靠、更实时的信息，工厂和仓库中的物流必须伴随着并行的信息流。

同时，人工智能技术的发展也推动自动化仓库技术向更高阶段即智能自动化方向发展，在智能自动化物流阶段，生产计划作出后，自动生成物料和人力需求，查看存货单和购货单，规划并完成物流。如果物料不够，无法满足生产要求，系统会自动推荐修改计划以便生产出等值产品。这种系统是将人工智能集成到物流系统中。

智能仓储系统的基本原理已经在一些实际的物流系统中逐步得到实现。可以预见，21世纪智能仓储技术将具有广阔的应用前景。

《智能仓储管理实战手册》是一本为仓储管理人员打造的个人成长与工作手

册,以智能化仓储管理为主线,内容全面而实用。全书共六章,主要包括智能仓储概述、智能仓储的规划布局、智能仓储的硬件建设、智能仓储的软件系统、智能仓储的配套管理和智能仓储的应用案例等内容。

本书模块化设置,内容实用性强,着重突出可操作性,不仅为仓储管理人员提供了实用的工作思路和管理模板,还为其开展工作提供了重要的参考资料。

由于编者水平有限,加之时间仓促、参考资料有限,书中难免出现疏漏与缺憾,敬请读者批评指正。

编 者

# 目录 CONTENTS

## 第一章 智能仓储概述 ......1

目前，基于信息物理系统的智能装备、智能工厂等智能制造正在引领制造方式变革，将推动中国制造向智能化转型。作为智能制造的一个重要组成部分，智能仓储正在受到业界的高度关注，并将迎来高速发展，由此带动智慧物流的发展。

一、仓储的认知 ...... 2
二、仓储的发展 ...... 3
  相关链接：5G推动物流仓储环境的智能化 ...... 5
三、仓储管理的认知 ...... 6
四、智能仓储认知 ...... 8
五、智能仓储的意义 ...... 10
六、智能仓储的优劣势 ...... 11
  相关链接：智能仓储能为传统制造企业做些什么？ ...... 14
七、智能仓储的发展现状 ...... 16
  相关链接：智能仓储行业市场规模分析 ...... 17
八、智能仓储系统认知 ...... 19
  相关链接：智能仓储是如何做到"智能"的 ...... 21

# 第二章　智能仓储的规划布局　25

仓储规划是在对各种仓储行为进行整体的规划，对于仓储模式、仓储设施、储存空间、信息管理系统等进行决策及设计。通过合理的仓储规划可以有效地提高仓储的工作效率，减轻仓储工作人员的作业难度，更可直观地对仓储作业活动进行调控。

- 一、智能仓储规划原则 26
- 二、智能仓储规划注意事项 27
- 三、智能仓储规划步骤 28
  - 相关链接：传统仓库如何转型升级？ 32
- 四、仓库规划 35
- 五、仓位规划 38
- 六、货位规格化 39
  - 相关链接：仓库货区布局的方式 40
- 七、货位编号 42
- 八、物料编号 43

# 第三章　智能仓储的硬件建设　47

在对仓储布局进行合理规划的前提下，企业可以投入智能化的硬件设施来提高仓储的运作效率，这些新型硬件设备的使用不仅会增大仓储的自动化水平和物流运作效率，还会给企业带来可观的经济收益。

一、电子标签系统 48
二、自动化运输系统 51
三、自动存储系统 56
　　相关链接：自动化立体仓库与传统仓库对比 58
　　相关链接：自动化立体仓库的设计 69
四、自动分拣系统 71
　　相关链接：自动分拣系统的种类 75
五、机器人分拣系统 77
　　相关链接：5G助力分拣机器人提高效率 79
六、货到人拣选系统 80
七、语音自动化拣选系统 86
　　相关链接：语音拣选+全程信息化，打造大东鞋业高品质物流管理 87

# 第四章　智能仓储的软件系统 89

　　智能仓储体系的一个最大特点就是多功能集成，除了传统的库存管理外，还要实现对流通中货物的检验、识别、计量、保管、加工以及集散等功能，而这些功能得以顺利实现，都依赖于智能仓储软件管理系统。

一、RFID仓储管理系统 90
二、WMS智能仓储管理系统 104
　　相关链接：ERP和WMS的区别 110
三、WCS仓储控制系统 111
　　相关链接：WCS软件在堆垛机中的应用 114

# 第五章 智能仓储的配套管理 ······ 117

要构建现代智能仓储体系，除了需要加强先进硬件和软件方面的投入外，更要创设与智能仓储体系运行方式相适宜的工作机制。只有建立合适的工作机制，才能使智能仓储体系的功能得到最大限度的发挥，进而才谈得上产生效益。

一、物料入库管理 ······ 118

二、物料验收管理 ······ 120

三、物料储存管理 ······ 122

四、物料盘点管理 ······ 126

相关链接：仓库盘点的"八大注意事项" ······ 129

五、物料出库管理 ······ 131

六、成品出库管理 ······ 132

七、呆、废料管理 ······ 134

八、仓储设备管理 ······ 138

相关链接：××公司物流配送中心仓储部设备管理办法 ······ 142

九、仓库安全管理 ······ 147

十、仓库5S管理 ······ 151

## 第六章　智能仓储的应用案例······157

目前,"工业4.0""智能制造"等新兴理念正以前所未有的频率和强度冲击着各行各业。作为"工业4.0"的核心组成部分,以及构建未来"智能工厂"的重要基石,智能仓储装备系统正受到业界的高度关注。

一、美的清洁电器事业部的一体化智能解决方案······158
二、良品铺子的智能仓储物流中心······160
三、华为的智慧供应链物流中心······162
四、鼎汇集团仓储管理系统突破性优化······164
五、艾酷鞋业成功上线WMS管理系统······166
六、老板电器的智能仓储物流中心······167
七、齐心文具智能物流仓储系统整体解决方案······174
八、海澜之家量身定制的智能化物流系统······176
九、海王星辰实现仓储管理自动化和系统化······180
十、洋河酒厂的自动码垛和物流仓储系统······183

## 附录······187

# 第一章 智能仓储概述

智能仓储管理实战手册

### 导言

目前，基于信息物理系统的智能装备、智能工厂等智能制造正在引领制造方式变革，将推动中国制造向智能化转型。作为智能制造的一个重要组成部分，智能仓储正在受到业界的高度关注，并将迎来高速发展，由此带动智慧物流的发展。

## 一、仓储的认知

仓储是指通过仓库对物资进行储存、保管以及仓库相关储存活动的总称。它随着物资储存的产生而产生,又随着生产力的发展而发展。仓储是商品流通的重要环节之一,也是物流活动的重要支柱。如图1-1所示××公司仓库一角。

图1-1　××公司仓库一角

### 1. 仓储的定义

"仓"也称为仓库,为存放物品的建筑物和场地,可以为房屋建筑、大型容器、洞穴或者特定的场地等,具有存放和保护物品的功能;"储"表示收存以备使用,具有收存、保管、交付使用的意思,当适用有形物品时也称为储存。"仓储"则为利用仓库存放、储存未即时使用的物品的行为。简言之,仓储就是在特定的场所储存物品的行为。

### 2. 仓储的目的

仓储的目的是为了满足供应链上下游的需求。这与过去仅仅满足"客户"的需求在深度与广度方面都有重大区别。谁委托、谁提出需求,谁就是客户;客户可能是上游的生产者、可能是下游的零售业者,也可能是企业内部,但仓储不能仅仅满足直接"客户"的需求,也应满足"间接"客户即客户的客户需求;仓储应该融入供应链上下游之中,根据供应链的整体需求确立仓储的角色定位与服务功能。

**3. 仓储的作用**

仓储是集中反映工厂物资活动状况的综合场所，是连接生产、供应、销售的中转站，对促进生产的效率提高起着重要的辅助作用。

**4. 仓储的条件**

仓储的条件是特定的有形或无形的场所与现代技术。说"特定"，是因为各个企业的供应链是特定的，仓储的场所当然也是特定的；有形的场所当然就是指仓库、货场或储罐等，现代经济背景下，仓储也可以在虚拟的空间进行。

## 二、仓储的发展

仓储业发展具有几百年的历史，按照其发展过程，可以把它大致分为图1-2所示的五个历史阶段。

图1-2 物流仓储发展经历的阶段

**1. 人工仓储**

人工仓储阶段是仓储系统发展的最原始阶段，在这一阶段当中，仓库物资的输送、存储、管理和控制主要靠人工实现，效率低下。但是在当初历史背景下，人工仓储技术在相应社会生产力下具有投资少、收益快等优点，促进了物流乃至供应链的发展。

**2. 机械化仓储**

机械化仓储阶段是仓库通过传送带、工业输送车、机械手、吊车、堆垛机和升降机来移动和搬运物料，用货架、托盘和可移动式货架等存储物料，通过人工操作机械存取设备，用限位开关、螺旋机械制动和机械监视器等控制设备的运行。

> **小提示**
>
> 机械化仓储系统满足了仓库对移动速度、放置精度、存取高度、物品重量等方面的更高要求，机械化仓库目前还普遍存在。

### 3.自动化仓储

20世纪50年代末之后，自动化技术的发展与应用对仓储技术的发展起了重要的促进作用，自动导引小车（AGV）、自动货架、自动存取机器人、自动识别系统、自动分拣系统、旋转式立体货架、移动式货架和巷道式堆垛机等都加入了仓库系统自动控制设备的行列，大大提高了工作效率。

尽管此时自动化设备已经很多，但是各个设备还处于独立工作阶段，系统集成度不高，还不能实现无人化运行，被称为"自动化孤岛"，自动化仓储在当前仓储行业仍占有重要地位。

### 4.集成自动化仓储

到了20世纪70年代末，自动化技术被越来越多地用到生产和分配领域，而"自动化孤岛"不能满足企业对系统整体性能的更高要求，严重影响了企业效益，自动化仓储的研究重点逐渐转向物资的控制和管理的实时、协调及一体化，于是便产生了"集成系统"的概念。计算机、数据采集点、机械设备的控制器等及时高效地汇总信息，使得系统各个部分有机协作，使生产的应变能力和总体效益大大超过各部分独立效益的总和。

目前，各种企业的仓储中，集成自动化仓储系统仍然是比较先进的仓储系统形式。

### 5.智能自动化仓储

在20世纪90年代后期以来，人工智能技术的发展促使仓储技术向更高级的阶段——智能化方向发展。智能仓储系统是集物料搬运、仓储科学和智能技术为一体的一门综合科学技术工程，因劳动力节约、作业迅速准确、保管效率高、物流费用低等优越性而得到广泛重视。它是供应链、物流和生产制造中不可或缺的重要组成部分，其智能化管理在增加企业利润、提高企业竞争力和满足客户服务等方面已经越来越成为一个重要的因素。

智能仓储系统不仅具有集成自动化的无人参与功能，还有一定的决策的能力，利用计算机的运算速度优势，结合人工智能、优化算法等技术，实现系统决策。

> **小提示**
>
> 现在，智能自动化仓储技术还处于研究和初级发展阶段。目前由于世界上各个区域经济和行业发展不平衡，以上五种仓储系统还处于并存的状态，并且以机械化、自动化、集成自动化较多。

相关链接

## 5G推动物流仓储环境的智能化

在新一代物流行业中,物流仓储环节需要全面自动化,这就需要人工智能技术的推进,目前已经有很多智能的机器人设备被用在仓储环节中实现自动化物流分拣、自动化物品传输以及自动化出入库等。在新一代移动通信技术5G的推动下,仓储环境的全面自动化变得更有希望。5G与人工智能技术的结合也是必然趋势,很多机器人设备嵌入的硬件芯片在已有通信技术支撑下由于时延、能耗等问题往往不能发挥更多作用,因此5G的可靠传输性能够推动智能机器人的使用。目前,物流已经有很多地方开始使用人工智能技术,有很多机器人类似的硬件设备已经被用来为物流服务。

人工智能在新一代物流行业主要聚焦的应用是智能搜索、路径推理规划以及智能机器人等。在物流仓储环节下,人工智能技术可以用来进行仓库选址的优化,可以根据现实条件的种种约束,例如顾客、供应商以及经销商的位置等参数进行建模,以最优解的形式给出寻址方案,可以大大降低物流企业的成本,提高利润;人工智能可以实现智能分拣,根据物品的派送地信息进行分类,然后利用机器人自动分拣;人工智能可以实现仓储的库存管理,可以分析历史消费数据,建立相关模型对数据进行解释,动态调整库存的水平,保证企业存货取货通道的有序性;人工智能技术可以提高仓储环境下货物运输的性能,设计运输机器人的行驶路径,利用智能启发式算法根据实际仓储环境自动将货物入库上架等。

5G作为人工智能技术在物流仓储数据的通信渠道,机器人硬件设备就是数据通信的载体和执行单元,负责上层的物流应用,例如智能分拣、智慧出入库等,最终实现自动化仓储环境。

智能仓储是新一代物流行业中人工智能技术应用最为广泛的场景之一,5G作为传输层技术为其提供了有力的通信环境,同时5G的海量接入特性使得仓储环节中很多智能终端设备在各模块中发挥着积极的作用,例如仓储环境中有很多无人机、机器人、穿梭车、穿戴设备以及分拣设备等。

高效率的智能仓储来源于5G的支撑,所以5G间接地通过仓储来为上游电商企业提供货物保障,能够为客户提供更好的物流服务体验。智能仓储除了离不开5G的支撑,还需要企业投入更多的硬件资源,并且合理布局仓储的模式,这样5G才能发挥更大的效果。国家对于物流企业的仓储自动化也是十分关注,因为物流仓储的价值是整个供应链最大的一个节点,使用智能化仓储环境既能够保障仓储安全,更能提高出库和入库的效率。

## 三、仓储管理的认知

仓储管理是指对仓储货物的收发、结存等活动的有效控制，其目的是为企业保证仓储货物的完好无损，确保生产经营活动的正常进行，并在此基础上对各类货物的活动状况进行分类记录，以明确的图表方式表达仓储货物在数量、品质方面的状况，以及所在的地理位置、部门、订单归属和仓储分散程度等情况的综合管理形式。

### 1. 仓储管理的阶段

仓储管理包括物品入库、保管和出库三个阶段。物品入库是基础，保管是中心，出库是关键。如图1-3所示的是××企业仓储管理的流程。

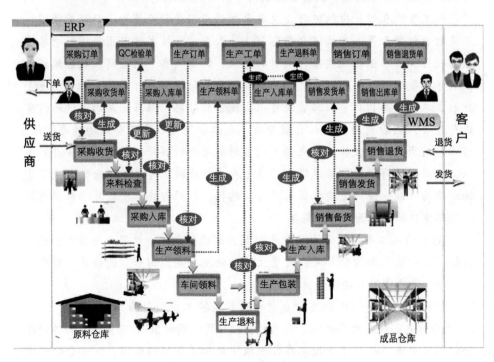

图1-3 ××企业仓储管理流程

### 2. 仓储管理的作用

仓储管理在企业经营中扮演者非常重要的角色，它直接影响着企业的产、供、销等各个环节的活动，在保障货物充足供给的前提下，最大限度地降低库存，直接关系到企业的经营效益。

良好的仓储管理，具有图1-4所示的作用。

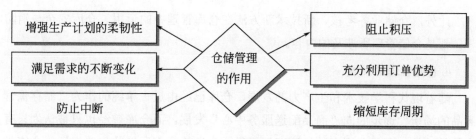

图1-4 仓储管理的作用

因此，现代企业物流为了保证生产经营活动的顺利进行，打造高效利润空间，降低生产成本，提高企业资金周转率和回报率，必须采取先进的仓储管理方法。

**3. 仓储管理的主要内容**

一般来说，仓储管理主要包括图1-5所示的内容。

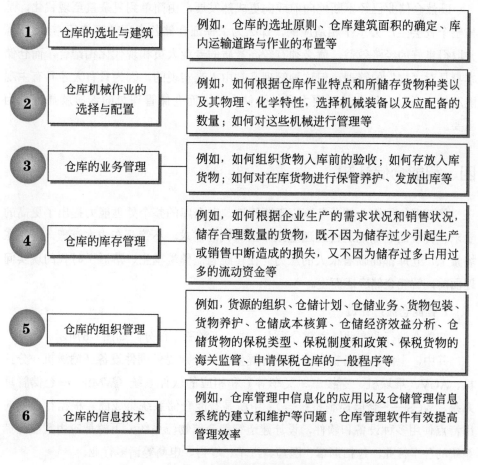

图1-5 仓储管理的主要内容

此外，仓储业务考核、新技术新方法在仓库管理中的运用、仓库安全与消防等，都是仓储管理所涉及的内容。

#### 4. 仓储管理的发展

随着现代科学技术和生产力的发展，仓库已经由过去单纯的作为"储存保管商品的场所"逐步的向"商品配送服务中心"发展。而仓库曾经也只被认为只有仓储的功能，而现在库存的"流速"已经成为评价仓库职能的重要指标，仓库是"河流"，而不再是"水库"或"蓄水池"，对仓储管理的要求也从静态管理向动态管理发生着根本性的转变。

仓储由此发生了根本性的变化，商品配送中心不仅储存保管商品，更重要的是担负着商品的分类、检验、计量入库、保管、包装、分拣出库及配送等多种功能，并配有计算机实行自动化管理。

既然仓储业已经不断地向前或向更成熟发展，由简单到复杂直至现代化，是与整个社会生产力水平相适应的，那么为了保证仓储各个环节都能正常地运行，并取得良好的经济效益，就必须有较高素质的专业人员和现代化相结合，而仓储本身是对"物"的管理，但这种管理又是由人来实现的，因为只有人才具有主观能动性，所以仓储业就需要大量的仓储人员，而仓储管理员的素质就显得尤为重要。

## 四、智能仓储认知

伴随着传统行业的业务流程不断再造，对仓库的整个处理能力提出了更高的要求，传统的仓储配送已经远远跟不上时代的需求。不管是在成本管理，还是在场景上，仓库都面临着很大的压力。在传统仓储弊端横生、落后于时代的现实问题面前，智能仓储应运而生。

#### 1. 智能仓储产业链

智能仓储行业产业链主要分为上、中、下游三个部分。如图1-6所示。

其中，上游为设备提供商和软件提供商，分别提供硬件设备（输送机、分拣机、AGV、堆垛机、穿梭车、叉车等）和相应的软件系统（WMS——仓储管理系统、WCS——仓储控制系统等）；中游是智能仓储系统集成商，根据行业的应用特点使用多种设备和软件，设计建造智能仓储物流系统；下游是应用智能仓储系统的各个行业，包括烟草、医药、汽车、零售、电商等诸多行业。

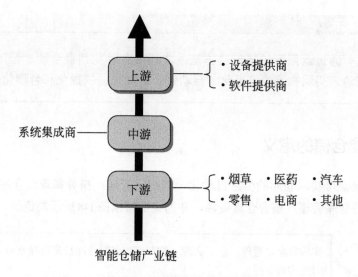

图1-6　智能仓储行业产业链

**2.智能仓储的应用领域**

根据业务性质分类，智能仓储主要应用于图1-7所示的两大领域。

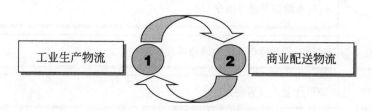

图1-7　智能仓储的应用领域

其中，工业生产物流服务于生产，对工厂内部的原材料、半成品、成品及零部件等进行存储和输送，侧重于物流与生产的对接；商业配送物流系统为商品流通提供存储、分拣、配送服务，使商品能够及时到达指定地点，侧重于连接工厂、贸易商、消费者。

**3.智能仓储的核心价值**

智能仓储行业产业链中中游的系统集成商处于整个产业链的核心地位，由于物流仓储系统不是简单的设备组合，是以系统思维的方式对设备功能的充分应用，并保证软硬件接口的无缝和快捷，目的是实现集成创新，是一个全局优化的复杂过程。

> **小提示**
>
> 只有通过运用系统集成的方法，才能使各种物料最合理、经济、有效地流动，实现物流的信息化、自动化、智能化、快捷化和合理化。

## 五、智能仓储的意义

智能仓储可实现仓库的信息自动化、精细化管理，指导和规范仓库人员日常作业，完善仓库管理，整合仓库资源，并为企业带来图1-8所示的价值。

| | |
|---|---|
| 价值一 | 实现数字化管理，出/入库、物料库存量等仓库日常管理业务可做到实时查询与监控 |
| 价值二 | 提升仓库货位利用效率 |
| 价值三 | 减少对操作人员经验的依赖性，转变为以信息系统来规范作业流程，以信息系统提供操作指令 |
| 价值四 | 实现对现场操作人员的绩效考核 |
| 价值五 | 降低作业人员劳动强度 |
| 价值六 | 降低仓储SKU的库存 |
| 价值七 | 改善仓储的作业效率 |
| 价值八 | 减少仓储内的执行设备 |
| 价值九 | 改善订单准确率 |
| 价值十 | 提高订单履行率 |
| 价值十一 | 提高仓库作业的灵活性 |

图1-8 智能仓储带给企业的价值

## 六、智能仓储的优劣势

智能仓储的应用,保证了仓库管理各个环节数据输入的速度和准确性,确保企业及时准确地掌握库存的真实数据,合理保持和控制企业库存,通过科学的编码,还可方便地对库存货物的批次、保质期等进行管理。

### 1. 传统仓储管理的缺点

传统的仓储管理采用手工方式,记录方式繁琐,效率低下,人为因素大,准确率不高,容易出现伪造数据、人力资源浪费、管理维护成本高,进而造成了很难保证收货、验收及发货的正确性,从而产生库存,延迟交货,进一步增加成本,以致失去为客户服务的机会。而且手工管理方式不能为管理者提供实时、快速、准确的仓库作业和库存信息,以便实施及时、准确、科学的决策。具体如图1-9所示。

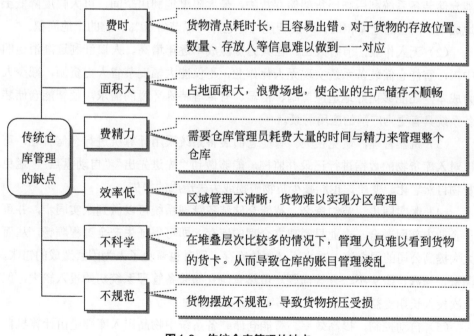

图1-9 传统仓库管理的缺点

### 2. 智能仓储的优势

智能仓储系统是智能制造工业4.0快速发展的一个重要组成部分,它具有节约用地、减轻劳动强度、避免货物损坏或遗失、消除差错、提供仓储自动化水平及管理水平、提高管理和操作人员素质、降低储运损耗、有效地减少流动资金的积压、提高物流效率等诸多优点。具体来说，智能仓储的优势如图1-10所示。

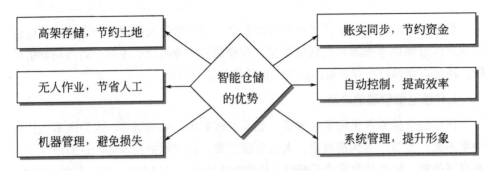

图1-10 智能仓储的优势

（1）高架存储，节约土地。在当前"地王"频现的中国，土地已成为稀缺资源，如何将有限的土地进行最大限度的利用已成为一些公司努力追求的目标。智能仓储装备系统利用高层货架储存货物，最大限度地利用空间，可大幅度降低土地成本。与普通仓库相比，一般智能立体仓库可以节省60%以上的土地面积。

（2）无人作业，节省人工。在人力资源成本逐年增高、人口红利逐渐消逝的中国，智能仓储装备系统实现无人化作业，不仅能大幅度节省人力资源，减少人力成本，还能够更好地适应黑暗、低温、有毒等特殊环境的需求，使智能仓储装备系统具有更为广阔的应用前景。

（3）机器管理，避免损失。智能仓储装备系统采用计算机进行仓储管理，可以对入库货物的数据进行记录并监控，能够做到"先进先出""自动盘点"，避免货物自然老化、变质，也能减少货物破损或丢失造成的损失。

（4）账实同步，节约资金。智能仓储装备管理系统可以做到账实同步，并可与企业内部网融合。企业只需建立合理的库存，即可保证生产全过程顺畅，从而大大提高公司的现金流，减少不必要的库存，同时也避免了人为因素造成的错账、漏账、呆账、账实不一致等问题。虽然智能仓储装备管理系统初始投入较大，但一次投入长期受益，总体来说能够实现资金的节约。

（5）自动控制，提高效率。智能仓储装备系统中物品出入库都是由计算机自动化控制的，可迅速、准确地将物品输送到指定位置，减少了车辆待装待卸时间，可大大提高仓库的存储周转效率，降低存储成本。

（6）系统管理，提升形象。智能仓储装备系统的建立，不仅能提高企业的系统管理水平，还能提升企业的整体形象以及在客户心目中的地位，为企业赢得更大的市场，进而创造更大的财富。

### 3.智能仓储的劣势

智能仓储装备系统虽然具有很多优势,但其劣势也不容忽视,具体如图1-11所示。

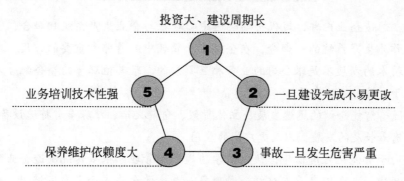

图1-11 智能仓储的劣势

(1)投资大、建设周期长。智能仓储装备建设是个系统工程,货架安装精度要求高,需要配套的设备多,设备间的连接和软件管理系统都非常复杂,安装调试难度大,需要投入资金多,建设周期较长。

(2)一旦建设完成不易更改。智能仓储装备系统都是根据各企业的具体需求量身设计定制的,一旦建设完成,就限定了货架产品或其包装的最大尺寸和重量,超过规定尺寸或重量的货物,不能存入货架;相应的,其他配套设备也不能轻易改动,否则很可能会出现牵一发而动全身的尴尬被动局面。

(3)事故一旦发生危害严重。由于智能仓储装备系统的操作需要由计算机控制多个设备来协调完成,一旦某个关键环节如计算机控制软件系统出现故障,很有可能导致整个仓库都无法正常工作。

(4)保养维护依赖度大。智能仓储装备系统是一个复杂的系统,为了维持这些装备长期稳定地正常运转,必须定期进行保养和维护,同时也要根据需要对部分软件进行升级。特别是对于技术含量高的装备和软件,如码垛机器人、自动控制系统等,必须由系统供应商的专业人士进行维护和升级。这就需要客户与系统供应商保持长期联系,以便于在系统出现问题时,及时让系统供应商了解情况并解决问题。

(5)业务培训技术性强。智能仓储装备系统实行自动控制与管理,投资大、技术性强,一旦出现较大操作失误将会造成严重后果。因此,所有智能仓储装备系统建成后都需要对相关工作人员进行专门的业务培训,使之能胜任工作。这也给企业的管理带来一定的难度。

## 智能仓储能为传统制造企业做些什么?

在制造企业内部,现代仓储配送中心往往与企业生产系统相融合,仓储系统作为生产系统的一部分,在企业生产管理中起着非常重要的作用。因此仓储技术的发展不是跟公司的业务相互割裂的,跟其他环节的整合配合才更有助于仓储行业的发展。

随着智能仓储的迅速发展,立体货架、仓储叉车、堆垛车、拣选设备等,都会有着长足的发展,以及更广阔的应用。

由于智能化程度低下,缺少科学的规划和管理,很多传统制造企业的老式仓库中,长久以来存在这样一种现象:总感觉仓库东西太多不够用,想要的东西找不到,不想要的东西又没有及时丢掉。

仓库建设缺乏长远规划,大多使用手工管理模式,导致仓库数据不准确,管理人员不能及时处理缺货、爆仓等情况,影响企业的正常生产运营。

智慧仓储和物流技术的引入,可以帮助传统制造企业更加精准、高效地管理仓库以及零件、半成品和成品的流通,有效降低物流成本,缩短生产周期。

此外,随着物流成本降低,产品流通的地域将更加广泛,覆盖更多的受众群体,并可根据不同区域的特殊情况形成细分市场,进而影响到企业的产品、运营和营销。

那么智能仓储和物流技术具体能为企业解决哪些问题呢?

制造业物流是一级供应商的接入口以及通往客户/分销商的输出口,通常需要解决以下三个问题:①接收并管理供应商的物料;②配送物料到生产线;③接收下线的完成品并配送到一级客户手中。

前两个属于原材料仓储,后一个属于成品仓储,一般制造型企业会将二者分开管理。

1. 原材料仓储

(1)自动入库。物料进入制造企业流通的第一个环节是入库。通过条码读取技术快速将物料信息录入系统,可以促进物流体系各个作业环节的自动化和信息化。

目前主要的条码采集手段是手持设备扫描,其优点是移动性较好,灵活度高,缺点是效率较低,错误率高,人力成本高。

先进的固定式扫描方式,可通过传感器和智能摄像机完成对包装上的数字码信息的采集、识别、管理与分析,大幅提升条码的处理速度和准确率,并借助体积测量模块快速测量包装体积,实现自动扫描入库。

(2)库存优化。物料进入仓库以后,企业需要根据物料的包装体积决定如何摆放以最大化地利用空间,同时又必须兼顾各种物料的取货频次以及取货距离,实现整体效益的最大化。这是一个非常复杂的过程。

以往这些决策都是相关负责人根据主观感受做出的,缺少科学依据,效果参差不齐。自动化技术的进步,为企业决策者提供了充足的理论依据和行之有效的工具。

(3)物料搬运。装卸搬运贯穿于物流作业的始末,物流机器人的应用直接提高了物流系统的效率和效益,是实现智慧物流的重要设备。

一方面,通过使用智能仓储机器人,可大幅降低工人劳动强度,提升生产效率和质量;另一方面,配套的机器人调度系统和智能仓储管理系统采用大数据分析技术对仓储进行布局,能大幅提升仓储的作业效率和跨产线生产的安全性。

2.成品仓

商品生产出来以后,制造企业还需要将它们运输到全国各地的仓储中心,并最终送到客户和分销商手中。

那么制造企业该如何选择仓储中心的地理位置,以实现最大范围的区域覆盖?每个仓储中心该分配多少商品,才不会形成货物积压?产品运输途中如何选择车辆行驶路线,才能将运输成本最小化呢?这些都是制造企业需要考虑的问题。

以人工智能和运筹学算法为核心的智慧仓储和物流技术,其优势显而易见。

但是,智慧仓储和物流是个系统级工程,实现起来并不容易。

国内制造业主要以中小型企业为主,要为每个企业提供一套定制化的解决方案成本过高,行业标准的缺失又使得难以制定一套能够推广到整个行业的方案。此外,硬件升级改造的成本也考验着企业决策者的魄力。

不过,毋庸置疑,制造企业物流和仓储系统智能化改造带来的收益将远大于投入。未来技术进一步成熟,其成本将大幅降低。

## 七、智能仓储的发展现状

当前,我国智能仓储在"互联网+"战略的带动下快速发展,与大数据、云计算等新一代互联网技术深度融合,整个行业向着运行高效、流通快速的方向迈进。具体表现如图1-12所示。

图1-12 我国智能仓储的发展现状

**1. 仓储行业转型升级取得初步成果**

从经营模式来看,仓储企业正逐步完善相关服务配套设施,转变企业经营模式,努力实现仓库空间利用率最大化,并向各种类型配送中心发展;从发展方向来看,企业通过并购重组、延伸产业服务链条等方式,实现仓储领域向网络化与一体化服务发展。

**2. 新兴仓储领域快速发展**

在电商、快递仓储方面,电商企业将竞争力放在提高用户体验、提升配送效率上,一方面加快自建物流设施,另一方面"对外开放"仓储资源;同时在快递公司上市潮的资本市场推动下,仓储领域的技术和服务水平得到快速提高。

**3. 仓储机械化与信息化水平有所提高**

从机械化水平来看,以货架、托盘、叉车为代表的仓储装备和仓储管理信息系统在大中型仓储企业的应用状况良好。据高工产研机器人研究所(以下简称"GGII")数据测算,全国仓储业机械化作业率35%以上,仓储管理信息化达到50%以上。如图1-13所示智能仓储现场截图。

从信息化水平来看,我国仓储业的信息化正在向深度(智能仓储)与广度(互联网平台)发展,条形码、智能标签、无线射频识别等自动识别标识技术、可视化及货物跟踪系统、自动或快速分拣技术,在一些大型企业与医药、烟草、电子、电商等专业仓储企业应用比例有所提高。

图1-13 智能仓储现场截图

### 智能仓储行业市场规模分析

从企业数量来看，GGII（高工产业研究院）数据显示，2016年仓储行业企业数量达5.2万家，从2010年的1.7万家增长至2016年的5.2万家，年复合增长率为20.4%。截至2016年底，全国累计建成的自动化立体库已经超过3000座。

从行业供应方面来看，GGII数据显示，2016年，仓储行业新增固定资产规模达5885.1亿元，同比增长22.5%。从数据可以看出，固定资产规模正急剧扩张，由2010年的992.2亿元增长至2016的5885.1亿元，年复合增长率达34.5%。

GGII认为，中国经济的持续健康发展和中国物流业的崛起为仓储业的发展提供了巨大的市场需求，加上制造业、商贸流通业外包需求的释放和仓储业战略地位的加强，未来智能仓储存在巨大市场需求，预计到2020年，智能仓储市场规模超954亿元。如下图所示为2013～2020年智能仓储市场规模及预测。

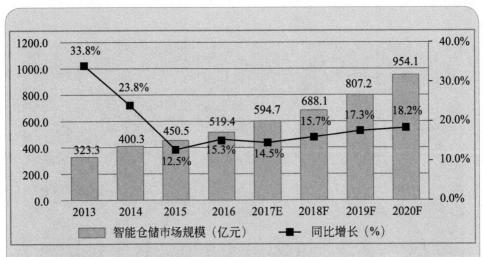

2013～2020年智能仓储市场规模及预测

从行业参与度来看，中国智能仓储企业参与度较高的行业为医药制药、食品饮料、电商物流、汽车、3C家电以及烟草等行业，以上行业因参与者众多，竞争趋于激烈。如下图所示。

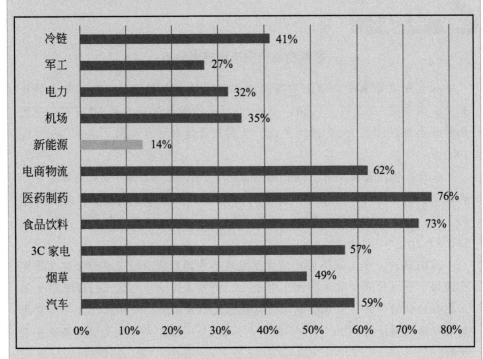

各行业在智能仓储的参与度

对于新能源行业，目前智能仓储企业参与度偏低，新能源行业已开始进入高速发展期，对智能仓储的需求日益凸显，根据GGII调研显示，锂电行业主要核心厂商均在积极寻找合适的智能仓储供应商，未来对智能仓储的投入将会加大。

## 八、智能仓储系统认知

智能仓储系统是一种通过计算机系统控制，能够对于仓库和物料位置全面掌握，通过小车和相关搬运设备实现自动出入库和仓储管理的一种系统。整个工作过程中不需要人工的直接参与，大大提高了工作效率。

### 1.智能仓储系统的构成

智能仓储系统是运用软件技术、互联网技术、自动分拣技术、光导技术、射频识别（RFID）、声控技术等先进的科技手段和设备对物品的进出库、存储、分拣、包装、配送及其信息进行有效的计划、执行和控制的物流活动。主要包括识别系统、搬运系统、储存系统、分拣系统以及管理系统。如图1-14所示。

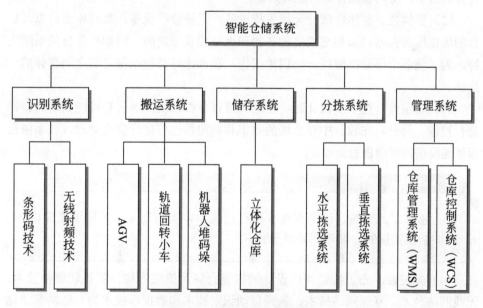

图1-14 智能仓储系统的构成

## 2.智能仓储系统的设计原则

智能仓储系统的设计应遵循图1-15所示的原则。

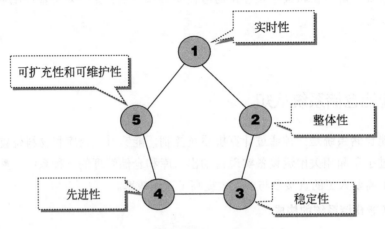

图1-15　智能仓储系统的设计原则

（1）实时性。企业应采用目前最先进的高速无线网络技术，使得仓库的所有计划、操作、调度、控制和管理全部具有实时性，以便大大提高仓库现有设备和人员的效率，实现物流管理的最大效益。

（2）整体性。整体性涉及无线手持设备、无线接收设备、数据库前台以及后台的数据库服务器。虽然它们之间在物理上是相互分离的，但均有各自的系统支持，为了使各个部分能够统一协调地工作，在设计时必须确保它们之间整体的一致性。

（3）稳定性。在系统设计时，应加入错误分析模块，对所有可能出现的错误进行校验。另外，在设计中对系统的效率和稳定性也应进行优化处理，使系统在保证速度的同时确保稳定性。

> **小提示**
>
> 通过以上措施，使得系统在运行过程中，当出现人为的错误或系统一些随机错误时，并不影响其运行。

（4）先进性。先进性是指所设计的智能仓储系统应为集计算机软硬件技术、无线网络技术、互联网络技术、条码自动识别技术和数据库技术为一体的智能化系统。

（5）可扩充性和可维护性。根据软件工程原理，智能仓储系统维护在整个软件的生命周期中所占比重是最大的。因此，提高系统的可扩充性和可维护性是提高此系统性能的必备手段。

## 智能仓储是如何做到"智能"的

智能仓储系统是一种通过计算机系统控制，能够对仓库和物料位置全面掌握，利用RFID射频识别、网络通信、信息系统应用等现代化技术及先进的管理方法，实现入库、出库、盘库、移库管理的信息自动抓取、自动识别、自动预警及智能管理功能，以降低仓储成本，提高仓储效率，提升仓储智能管理能力。整个工作过程中不需要人工的直接参与，大大提高了工作效率。

智能仓储的主要应用内容如下图所示。

| | |
|---|---|
| 数据 | 保证了货物仓库管理各个环节数据输入的速度和准确性，确保企业及时准确地掌握库存的真实数据，合理保持和控制企业库存 |
| 编码 | 通过科学的编码，还可方便地对库存货物的批次、保质期等进行管理 |
| 地址 | 利用库位管理功能，更可以及时掌握所有库存货物当前所在位置，有利于提高仓库管理的工作效率 |

**智能仓储的主要应用内容**

智能仓储系统通过数据采集层、通信层、应用层和数据集成层的四层软件、技术架构，可实现对所有数据从设备层到控制层的管理和监控，其主要架构系统图如下。

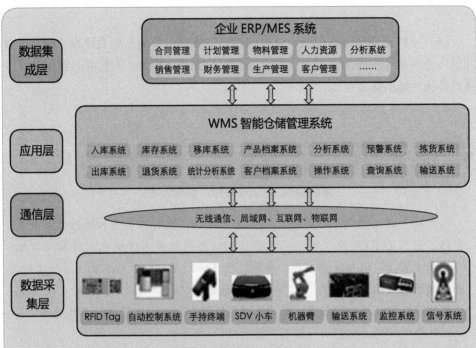

智能仓储系统的主要架构

智能仓储的应用可根据企业的具体要求来实现不同功能和不同模块的配置,可将关心的内容进行前台展示,其主要的功能模块如下图所示。

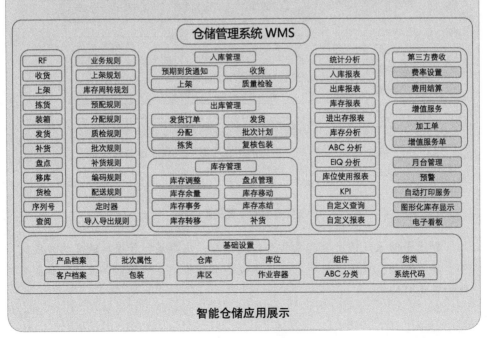

智能仓储应用展示

智能仓储可根据功能设计范围，进行详细的布置及选型设计，可根据不同的功能实现不同的效果，通常配置下所具备的硬件设备如下图所示。

| | |
|---|---|
| 高层货架 | 用于存储货物的钢结构。目前主要有焊接式货架和组合式货架两种基本形式 |
| 托盘（货箱） | 用于承载货物的器具，亦称工位器具 |
| 巷道堆垛机 | 用于自动存取货物的设备。按结构形式分为单立柱和双立柱两种基本形式；按服务方式分为直道、弯道和转移车三种基本形式 |
| 输送机系统 | 智能仓库的主要外围设备，负责将货物运送到堆垛机或从堆垛机将货物移走。输送机种类非常多，常见的有轨道输送机，链条输送机，升降台，分配车，提升机，皮带机等 |
| AGV、RGV、SGV 系统 | 即自动导向小车。根据其导向方式分为感应式导向小车、激光导向小车和固定导轨式小车 |
| 自动控制系统 | 驱动自动化立体库系统各设备的自动控制系统。以采用现场总线方式为控制模式为主 |
| 库存信息管理系统（WMS） | 亦称中央计算机管理系统。是全自动化立体库系统的核心，目前典型的智能仓库系统均采用大型的数据库系统（如 ORACLE，SYBASE 等）构筑典型的客户机/服务器体系，可以与其他系统（如 ERP 系统等）联网或集成 |

**智能仓储应具备的硬件设备**

由此可见，通过完善的设计，合理的硬件及软件配置，并根据具体的功能要求，智能仓储完全可实现仓储的智能输送、储存、定位、提醒等功能，从而提高企业仓储的运行效率，自动盘点，降低管理成本。

# 第二章 智能仓储的规划布局

## 导言

仓储规划是在对各种仓储行为进行整体的规划，对于仓储模式、仓储设施、储存空间、信息管理系统等进行决策及设计。通过合理的仓储规划可以有效地提高仓储的工作效率，减轻仓储工作人员的作业难度，更可直观地对仓储作业活动进行调控。

智能仓储管理实战手册

## 一、智能仓储规划原则

智能仓储规划必须遵循一定的原则,通过具体的需求分析,实现能力与成本的合理规划,使系统既能满足库存量和输送能力的需求,又能够降低设计成本。具体如图2-1所示。

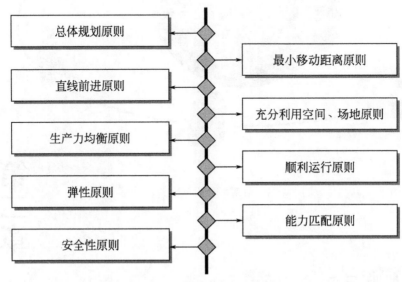

图2-1 智能仓储规划原则

### 1.总体规划原则

在进行布局规划时,要对整个系统的所有方面进行统筹考虑。对该系统进行物流、信息流、商流的分析,合理地对"三流"进行集成与分流,从而更加高效、准确地实现物料流通与资金周转。

### 2.最小移动距离原则

保持仓库内各项操作之间的最经济距离,物料和人员流动距离能省则省,尽量缩短,以节省物流时间,降低物流费用。

### 3.直线前进原则

要求设备安排、操作流程应能使物料搬运和存储按自然顺序逐步进行,避免迂回、倒流。

### 4.充分利用空间、场地原则

包括垂直与水平方向,在安排设备、人员、物料时应予以适当的配合,充分利用空间,但也应保持设备的适当空间以免影响工作。

**5. 生产力均衡原则**

维持各种设备、各工作站的均衡，使全库都能维持一个合理的速度运行。

**6. 顺利运行原则**

根据生产车间空间环境的布局，尽量保持生产过程的顺利进行，无阻滞。

**7. 弹性原则**

能够保持一定的空间以利于设备的技术改造和工艺的重新布置，以及一定的维护空间。

**8. 能力匹配原则**

设备的存储和输送能力要与系统的需求及频率相协调，从而避免设备能力的浪费。

**9. 安全性原则**

设计时要考虑操作人员的安全和方便。

## 二、智能仓储规划注意事项

企业在做智能仓储的规划时，应注意图2-2所示事项。

| | |
|---|---|
| 原则一 | 设备技术宁选成熟且先进的，不选过时的；选择效率适当高的，不选最高的 |
| 原则二 | 方案尽量柔性的，可扩展的 |
| 原则三 | 规模的产能设计不要超前太多或预估太紧 |
| 原则四 | 尽可能少客户化，尽可能可替代性强一些 |
| 原则五 | 尽可能降低人力投入，降低人的劳动强度，尽量降低人的操作技能难度，尽量减少差错率 |
| 原则六 | 化繁为简，化难为易 |
| 原则七 | 能向空间的，尽量少向平面 |
| 原则八 | 工艺方案中进出流量要平衡，切忌出现瓶颈 |

**图2-2　智能仓储的规划原则**

> **小提示**
>
> 无论采用多么先进的智能装备与软件，都必须根植于企业的实际情况，即要有属于企业自己的仓储管理方案。

## 三、智能仓储规划步骤

不同的仓储可以有很多种分类方式，再根据不同的行业环境、设施环境等，又会有不同规划结果。企业在仓储规划中既要关注细节，同时也要更加注意顶层设计。仓储是物流中的一个战略节点，仓储规划的局限性会影响到整个物流系统的全局性，图2-3所示的五个步骤可以对仓储进行系统性的规划。

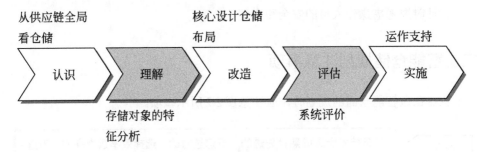

图2-3　仓储规划的步骤

### 1.认识——从供应链全局看仓储

对仓储进行规划，从专业的规划角度出发，首先还是要从供应链的角度看，不用生硬地套上一些专业术语，我们可以把供应链的结构当作一个理解事物的工具，理解我们将要规划的仓储是处在一个什么环境中。

这是由于从这样的视角去规划可以带来图2-4所示的好处。

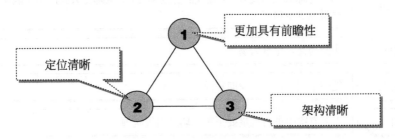

图2-4　从供应链全局看仓储所带来的好处

（1）更加具有前瞻性。纵观全局，有助于更加清晰地理解当前所规划的节点在当前应该解决什么问题，可能出现什么风险，在未来可能会发生什么样的演变，帮助客户从专业和更为宏观的角度去审视和理解后面将要陈述的方案。

（2）定位清晰。不同的仓储节点功能下的规划，所规划的要素参数一定不同，简单说，原料仓和成品仓中，流程要素大多一样，但是作业方式和效果可能完全不同，所以要从全局的角度把仓储定位搞清楚，规避可能出现的偏差。

（3）架构清晰。物流活动是由供应链（企业运营）而触发，那么在对当前活动规划时，必然需要了解触发的原因，用技术化的语言来说，就是要做好接口，将仓储模块化，当上游发生变化的时候，仓储这个模块，或者仓储里的子模块可以很好地去调整内部结构和过程。

所以，第一步需要认识你所需要规划的对象，从上往下看会更加清晰。

**2. 理解——存储对象的特征分析**

深刻理解仓储中的对象，核心对象主要是以存储的物料为主，仓库中的物料很多，有的会有数万种SKU（库存量单位），那么就得进行分类。分类方式有很多，可以按大小，也可以按品类，还可以按管理方式分。总之，具体问题具体分析，最终在于只有理解仓储中的对象特征，才能进行最合理的规划。理解存储对象可以参考图2-5所示的几个方面。

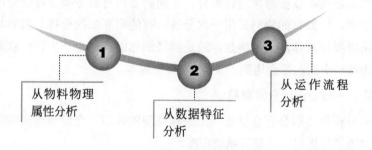

**图2-5 理解存储对象的参考点**

（1）从物料物理属性分析。分析物料的物理属性是对存储对象最基础性的认识，分析所要规划对象的外形特征，长、宽、高，便于容器和货位尺寸的规划，梳理存储对象所需要的存放条件的要求，比如温度要求、通风要求、消防要求、摆放要求等。从不同的行业看，零售、化工、汽车零部件、医药、装备零部件等，无穷无尽的物料在某个仓库里存储和分拣，因此对于物料物理属性的分析是首要的，也是必不可少的，这个过程我们也可以看成是对一个静态环境的分析。

（2）从数据特征分析。对仓储对象进行数据分析是另一个重要的分析环节，最通用的分析方式就是EIQ（E是指"Entry"，I是指"Item"，Q是指"Quantity"，即是从客户订单的品项、数量、订货次数等方面出发，进行配送特性和出货特性的分析），基于前面的物料分类，然后对其按订单、物料（商品）等多维度进行分析，找出分类对象在一个动态环境中的特征。物料的进出作业可能存在季节性，存在高频次和低频次，每一天也存在多个波次。

对于数据特征分析的方法，根据仓储规划的需要，可以大致分为图2-6所示的两种类型。

图2-6　数据特征的分析方法

（3）从运作流程分析。在仓储规划中，对流程分析或配置是串联整个仓储活动最重要的步骤之一，为了对仓储流程分析得更清晰，我们可以构造一个流程的模型，分为多层级，第一层级是最主要的几个活动，比如入库、理货、上架、分拣等；第二层级就可以按对象进行细分，不同的物料对象分类下可能会用到不同的流程或活动，比如有的物料只用一次分拣，有的需要二次分拣，有的甚至是越库操作，所以要按具体活动分清楚，越是到精细化的仓储生产力评估就越要进行细分，因为每一个活动都会用到"资源"，产生成本。

### 3.改造——核心设计仓储布局

前面的分析最终都会在仓储布局上进行直观的体现，仓储布局实际是对仓储内的所有对象进行重组，只是看精细程度。

（1）如果只是到大的功能区，那么可以将功能区作为对象进行拆分，通常主要功能区和次要功能区一共加在一起会有10～20个功能区（同类功能区可能会有多个分区），将这些功能区按一定的逻辑进行布置就可以完成简单的仓储布局。

（2）如果需要做精细化的仓储布局，甚至要进行货位详细设计，那相对会更复杂，随着技术的发展，更多的仓储会通过智能化的调度来实现仓储作业，这样的仓储布局会更加灵活，完全颠覆之前的布局方法。

（3）如果仓储布局里面对象拆分得越细，要求的效率越高，那么随机存储、货到人拣选这样的智能化方式会广泛应用，这样布局的方法会更多地使用启发式的算法来去寻优解决。

### 4. 评估——系统评价

系统性评估是仓储规划的一个非常重要的步骤，这里需要从系统论的角度来看待仓储规划，也只有把仓储作为一个"系统"，才能最好地解释仓储规划的所有逻辑。

从作业流程的角度，把流程作业中人、设备、功能区等看成是服务台，仓储中需要处理的货物形成队列，将服务台串联，上一个流程完成的作业量，到下一个流程又形成了新的队列，那么这就是系统，有输入也有输出。通过仿真模拟作业过程中人、设施、设备的资源利用率，也就是忙闲程度，这样就可以从仿真的角度对所规划的仓储系统进行生产力评估。

> **小提示**
>
> 在进行系统评估时可以根据具体需要评估的内容选择指标，完整的仓储评估指标会有上百个，不一定每个规划中都会关注所有的内容，企业应根据运作环境、功能需求等方面的具体情况来构建需要评估的指标体系。

### 5. 实施——运作支持

仓储规划最后肯定是需要落地实施，所以还需要考虑到操作中所需要的设备配置和信息化需求以及对于该仓库需要用什么样的建筑条件来匹配。我们在规划中将流程进行细分，设备和信息化都按照流程中的操作需求进行匹配，并在系统评估的时候选出最佳方案。

（1）设备配置。按仓储规划的模型将仓储流程进行细分后，每一步操作都会按照流程活动进行，从系统模型的角度看，设备的操作无非是在处理"数据"，这个数据可以是"托"，也可以是"方"或是其他的物流单位。设备的配置根据规划的需求，有的规划有明确的预算，那把预算作为约束，来进行最优化配置，如果仓储追求示范效应，那么可以参考智能化的标准来在合理范围内进行配置。总之，根据作业要求、高效的运作、合理的成本来对设备的配置进行约束，追求用科学的方式来配置设备。

（2）信息化需求。信息化需求也是仓储规划中的必备要素，现在大多数的仓储都有信息化工具，只是工具的功能是不是更加的方便和符合现代化物流管理的要求。随着现在数字化供应链的推广，对于仓储的信息化要求也越来越高，不论是从上下游模块间的对接，还是在数字化决策支持，以及可视化管理方面都在不断迭代。

因此，从仓储流程中的实际需求为出发点，考虑整个仓储的功能定位，首先要对信息化需求做一个完整的架构，覆盖哪些模块，交付哪些数据，达到什么样的管理要求。然后再对功能进行配置，与业务场景结合，这样才能实现一个既实用又具有扩展性和战略性考虑的信息化建设。

（3）仓库建筑设计。有的仓储规划是先有了仓库再进行规划，有的是先考虑物流再进行仓库建设。在此建议最好是按后者的方式进行，因为从建筑的角度看，在一定的参数范围内进行设计和实施都是可行的，但是不一定最后选择的参数对于仓储作业来说是最合理的。越是复杂的仓储环境越需要优先考虑物流作业要求。在通过充分的仓储规划后，出具仓储功能区与设备的布局图纸，然后建筑设计院再在此基础上进行建筑设计，如果有相冲突的地方再协商调整。

**相关链接**

### 传统仓库如何转型升级？

传统的观点是把仓库看成一个独立的运作单元，而没有把上下游之间的关联打通。现代物流管理中，仓库是整体智慧物流战略的一部分。

仓库的设计和运营需要为企业考虑节省成本。传统的理念是喜欢把仓库设计得很大，仓库空间的利用率不是管理者关注的重点。

随着土地和劳动力成本的上涨，仓库经营者也逐渐意识到较大的仓库空间，可能会给仓库运营带来以下两个问题。第一，增加了仓库的租金、水电等成本；第二，增加了货物的移动路径。因此，仓库的使用空间需要根据货物仓储需求量进行缜密计算，充分利用空间，减少资源浪费。

目前国内很多制造业工厂的仓库管理还停留在原始阶段，依靠着传统的"账、卡、物"的方式进行管理。

纸质的账本基本都已升级到了Excel表格或是仓库管理软件了，登记卡还在大量使用，简单的"入库—出库—结存"信息，很难有效地进行先进先出管理。

实物数量的变化，没有办法与账和卡自动同步，还是需要靠人在系统中操作。仓库管理效率的问题也逐渐浮出水面。

低效率已经开始影响工厂的运营绩效，比如在订单履行方面，客户订单不能按照约定的时间和数量交付，其中一个可能的原因是仓库成品数量差异造成的。

库存数据的不准确、较低的空间利用率、低效的发货管理和手工记账错误等都是传统型仓库常见的现象,这些情况在不经意之间,阻碍了企业向前发展的步伐。

传统的仓库都要升级转型,来应对不断上涨的成本和更快满足客户订单交付的要求。

很多的企业管理者感到迷茫,仓库转型具体应该如何操作?怎样可以用最经济的方式来实现企业经营目标,把钱都花在刀刃上。可参考以下步骤进行。

步骤1:建立项目团队

理想的项目团队是由内部人员和外部顾问共同组成。除非企业内部有经验非常丰富的人才,一般情况下是需要借助于外力来完成此类的项目。

顾问的优势在于两点:见多识广和外力推动。顾问做过很多的相关项目,有着大量的成功或是不成功的实施经验,而且对于行业内最佳实践案例非常熟悉,有顾问的参与,可以帮助企业少走很多弯路。

一些企业经营时间长了,就会产生管理的惰性,针对很多工作上出现的问题,不能及时有效地解决,跨部门流程执行边界模糊。

如果是由内部人员推动变革,经常会遇到各种阻力难以顺利进行,而由一股外力来主导,往往更容易被全体利益相关方接受,当然前提是有公司管理层的全力支持。

步骤2:了解现有流程

通过了解现行状态,更好地理解仓库运行的各种情况,为下阶段的行动做好准备。

收集和分析仓库运营的各项指标,这就像是健康体检中收集血液进行化学分析,通过量化的方法来判断绩效指标,包括库存准确率、来料收货准确性和效率、入库上架准确率、拣货准确率、及时出货率、客户投诉等。

通过对于这些指标数据与行业标杆企业的比较,可以看出两者之间的差距,避免有井底之蛙的心态。

除此之外,还需要绘制出现有的仓库管理流程图,其中应该包含所有涉及的业务,比如入库、拣货、出库和退货管理等。

绘制流程图是一种最好的方式,可以深入了解每一个具体的操作步骤。外部的顾问带着全新的视角,来审视这些已运行已久的流程,自然是能够发现一些不太合理的环节,而终日沉浸在各种繁杂工作中的人们,可能早就对这些习以为常,不想或是无力改变现状。

步骤3：识别管理缺陷

经过上一个步骤，基本上可以识别出一些缺陷，比如根据绩效指标了解到库存周转率、数据准确率、发货及时率、仓库空间利用率和仓库工人加班情况等关键数据。

再结合现场参观绘制出的流程图，基本上对于需要改善的环节有了全面的记录。通过消除浪费和冗余的流程，提升仓库管理的效率，降低运营的成本，同时还为下一步的转型进行可行性分析。一些常见的缺陷可能包含如下情况。

（1）库存保管员使用纸质单记录货物信息，然后再手工输入到Excel表格里，非常容易导致数据输入错误。

（2）库存查询系统效率低，导致拣货员需要花费更多的时间在仓库里寻找货物，影响了及时交货。

（3）同一型号货物存储在多个库位里，在整理仓库的时候依靠手工记录，然后再输入表格或系统，容易引起数据错误。

（4）货位安排不合理，周转率高的货物没有放在通道入口处，影响了工作效率。

（5）陈旧落后的仓库管理系统，库存相关信息无法与其他系统对接，效率低下且出错率高。

步骤4：设计未来流程

在专家顾问的带领下，项目团队共同设计未来的流程。有缺陷的现有流程都是可以改善的地方，包括来料收货、物料搬运存储、拣货和发货等。

行业内的最佳实践是非常好的参照对象，虽然每家企业情况不同，是否可以照抄全盘存在着疑问，但是Best Practice（最优方法）足以在80%的环境下应用。

比如仓库收货应该是先入系统还是先进行质量检验，在大多数的情况下应该是先收入系统，不能因为可能存在的质量问题而影响收货工作的效率，毕竟有质量缺陷的产品是少数现象。

如果所有供应商原料都需要经过检验合格后入库，一方面会增加来料检验人工成本，另一方面也说明原材料的质量还不能达到客户要求，生产过程控制仍需加强。

步骤5：评估解决方案

为了满足多品种、小批量的客户订单需求，仓库需要对现有的系统进行升级。

考虑到先进的管理系统或是自动化设备需要大笔的资金投入，在投资之前就要谨慎地评估新系统是否可以有效地提高现有的运营效率，针对性地解决运营上的短板。

比如使用条码管理系统和RF（射频）手持终端提高库存的准确性，及时更新库存信息，提高数据输入的质量和准确率。升级WMS仓库管理系统，打通与ERP软件之间的数据传输，实现自动同步，从而达到提高工作效率的目标。

步骤6：进行项目实施

项目实施是在经过了前面5个步骤之后，最后阶段由配置、测试和实践组成，最终实现预期中的状态目标。

仓库管理流程的升级首先需要进行战略规划，其中包括选择正确的技术，并评估与业务和仓库流程的匹配度。成功完成这些步骤的关键是识别当前流程和系统中的缺陷、浪费和低效率环节。接下来的工作是设计未来的系统和流程，通过改造升级，最终完成传统仓库的升级迭代。

## 四、仓库规划

仓库规划对合理利用仓库和发挥仓库在物流中的作用有着重要意义。

**1. 仓库规划的总体要求**

在组建、规划仓库时，应本着方便、科学的原则，应符合表2-1所示的要求。

表2-1 仓库规划的总体要求

| 序号 | 要求 | 具体说明 |
|---|---|---|
| 1 | 符合工艺要求 | （1）在地理位置上仓库须满足产品加工工序的要求<br>（2）相关仓区应尽可能地与加工现场相连，减少物料和产品的迂回搬运<br>（3）各仓区最好有相应的规范作业程序说明 |
| 2 | 符合进出顺利的要求 | （1）在规划仓库时，要考虑到物料的运输问题<br>（2）要尽可能地将进出仓门与电梯相连，并规划出相应的运输通道，同时充分考虑运输路线等问题 |
| 3 | 满足安全 | 仓库是企业主要物资的集散地，在规划时要特别考虑以下两点安全因素：<br>（1）仓库要有充足的光、气、水、电、风、消防器材等<br>（2）需要防火通道、安全门、应急装置和一批经过培训合格的消防人员 |

续表

| 序号 | 要求 | 具体说明 |
| --- | --- | --- |
| 4 | 分类存放 | 对所有物资进行分析，归纳分类，然后再进行分类储存：<br>（1）常用物资仓可分为原材料仓、半成品仓和成品仓<br>（2）工具仓主要用于存放各种工具<br>（3）办公用品仓主要用于为仓库的日常管理提供各种常用办公用品<br>（4）特殊物料仓主要是针对有毒、易燃易爆品等进行专门存放处理 |

**2. 仓库规划的主要内容**

仓库规划主要包括图2-7所示的四点内容。

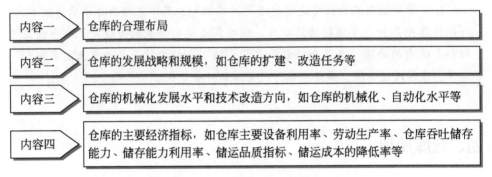

图2-7 仓库规划的主要内容

因此，仓库规划是在仓库合理布局和正确选择库址的基础上，对库区的总体设计、仓库建设规模以及仓库储存保管技术水平的确定。

**3. 仓库位置的确定**

货仓部门的位置因厂而异，它取决于各工厂实际需要。在决定货仓部门的位置时，应该考虑图2-8所示的因素。

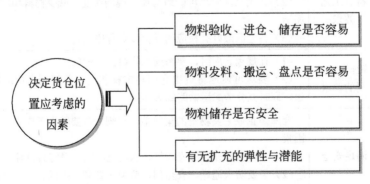

图2-8 决定货仓位置应考虑的因素

#### 4.仓库总平面布置

仓库总平面布置是指对仓库的各个组成部分,如库房、货棚、货场、辅助建筑物、铁路专用线、库内道路、附属固定设备等在规定的范围内进行平面和立体的全面合理安排。仓库总平面布置应该满足图2-9所示的要求。

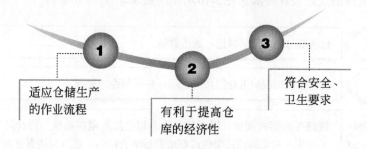

图2-9 仓库总平面布置应该满足的要求

(1)适应仓储生产的作业流程。库房、货棚、货场等储放场所的数量和比例要与储存物资的数量和保管要求相适应,要保证库内物资流动方向合理,运输距离最短,作业环节和次数最少,仓库面积利用率最高,并能做到运输通畅,方便保管。

(2)有利于提高仓库的经济性。总体布置时要考虑地形、工程地质条件等,因地制宜,使之既能满足物资运输和存放的要求,又能避免大挖大掘,减少土方工程量。平面布置应该与竖向布置相适应,既满足仓储生产上的要求,有利于排水,又要充分利用原有地形。

> **小提示**
>
> 总平面布置应能充分合理地利用库内的一些固定设备,以充分发挥设备的效能,合理利用空间。

(3)符合安全、卫生要求。库内各区域间、各建筑物间应该留有一定的防火间距,同时要设有各种防火、防盗等安全保护设施。此外,库内布置要符合卫生要求,考虑通风、照明、绿化等情况。

#### 5.仓库竖向布置

企业需要确定场地平面布局等各种因素(如库房、货场、专用线、道路、排水、供电)在地面标高线上的相对位置。仓库竖向布置要与总平面布置相适应,充分考虑各方面的条件和因素,使之既满足仓储生产的需要,又符合安全生产的要求。

## 五、仓位规划

### 1.仓库区位规划设计

货仓区位的规划设计应满足图2-10所示的要求。

| | |
|---|---|
| 要求一 | 仓区要与生产现场靠近,通道顺畅 |
| 要求二 | 每仓要有相应的进仓门和出仓门,并有明确的标牌 |
| 要求三 | 按储存容器的规格、楼面载重能力和叠放的限制高度,将仓区划分若干仓位,并用油漆或美纹胶在地面标明仓位名、通道和通道走向 |
| 要求四 | 仓区内要留有必要的废次品存放区、物料暂存区、待检区、发货区等 |
| 要求五 | 仓区设计,须将安全因素考虑在内,须明确规定消防器材所在位置、消防通道和消防门的位置、救生措施等 |
| 要求六 | 仓库的办公室尽可能地设置在仓区附近 并有仓名标牌 |
| 要求七 | 测定安全存量、理想最低存量或定额存量,并有相应的标牌 |
| 要求八 | 仓库的进仓门处须张贴仓库平面图,能够反映出该仓库所在的地理位置、周边环境、仓区仓位、仓门各类通道及门、窗、电梯等内容 |

图2-10 货仓区位规划设计应满足的要求

### 2.确定货仓仓位大小

通常物料的最高存量、最低存量与正常存量会决定仓位的大小。

(1)仓位大小若取决于最低存量,则显然仓位太小,物料常出现为腾出仓位而辗转搬运或无仓位的现象。

(2)仓位大小若取决于最高存量,常会造成仓位过大的现象。

因此,通常以正常存量来决定仓位的大小。

### 3.仓位的具体规划

企业在具体规划仓位时,要根据物料的进出库规律及时调整货区和货位。

（1）预留机动货区。预留机动货区的目的是为了巩固分区分类和暂时存放而单据未到或待验收、待整理、待分类、待商检等场地之用。通常在整个仓库划分货区时，应预先留出一定面积作为机动货区；其大小可视仓库业务性质、物料储存量及品种的多少、物料性质和进出频繁程度以及仓储设备条件而定。

> **小提示**
>
> 有了机动货区，如果某些物料入库数量超过固定货区容纳量，就可在机动货区暂存，待机移回原固定货区，避免到处寄存，造成混乱。

（2）收料区域的设置。仓库要设有特定的收料区用于暂放所购进的物料。此收料区可划分为三个区域，具体的分区及各自的用途如图2-11所示。

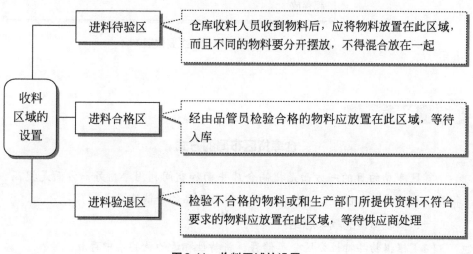

图2-11　收料区域的设置

## 六、货位规格化

货位，即货物储存的位置。企业应做好货位布置，以便合理地存放各种物料。

货位规格化就是运用科学的方法，通过周密的规划设计，进行合理分类、排列（库房号、货架号、层次号和货位号），使仓库内物料的货位排列系统化、规范化。

实行货位规格化的主要依据是物品分类目录、物品储备定额以及物品本身物理、化学等的自然属性，具体如图2-12所示。

物品分类目录 ┄┄ 为满足仓库管理适应计划管理、业务管理和统计报表的需要,并同采购环节相衔接,采用按供应渠道的物品分类目录分类较为合适

物品储备定额 ┄┄ 要按储备定额中的规定规划货位。如果无储备定额,可根据常备物品目录进行安排,并在货架上留有适当空位

物品本身的自然属性 ┄┄ 如果不同物品本身的物理、化学性质相抵触,温湿度要求不同,以及灭火方法相抵触等,则这些不同物品不能安排在一起存放

图2-12 实行货位规格化的主要依据

**相关链接**

### 仓库货区布局的方式

货区布局的目的一方面是提高仓库平面和空间利用率,另一方面是提高物品保管质量,方便进出库作业,从而降低物品的仓储处置成本。

一、货区布置的基本思路

(1)根据物品特性分区分类储存,将特性相近的物品集中存放。

(2)将单位体积大、单位质量大的物品存放在货架底层,并且靠近出库区和通道。

(3)将周转率高的物品存放在进出库装卸搬运最便捷的位置。

(4)将同一供应商或者同一客户的物品集中存放,以便于进行分拣配货作业。

二、货区布置的形式

仓库货区布置分为平面布置和空间布局。

1.平面布置

平面布置是指对货区内的货垛、通道、垛间距、收发货区等进行合理的规划,并正确处理它们的相对位置。平面布置的形式可以概括为垂直式和倾

斜式。

（1）垂直式布局，是指货垛或货架的排列与仓库的侧墙互相垂直或平行，具体包括横列式布局、纵列式布局和纵横式布局。

① 横列式布局，是指货垛或货架的长度方向与仓库的侧墙互相垂直。这种布局的主要优点是：主通道长且宽，副通道短，整齐美观，便于存取查点，如果用于库房布局，还有利于通风和采光。

② 纵列式布置，是指货垛或货架的长度方向与仓库侧墙平行。这种布局的优点主要是可以根据库存物品在库时间的不同和进出频繁程度安排货位：在库时间短、进出频繁的物品放置在主通道两侧；在库时间长、进库不频繁的物品放置在里侧。

③ 纵横式布局，是指在同一保管场所内，横列式布局和纵列式布局兼而有之，可以综合利用两种布局的优点。

（2）倾斜式布局，是指货垛或货架与仓库侧墙或主通道呈60°、45°或30°夹角。具体包括货垛倾斜式布局和通道倾斜式布局。

① 货垛倾斜式布局，是横列式布局的变形，它是为了便于叉车作业、缩小叉车的回转角度、提高作业效率而采用的布局方式。

② 通道倾斜式布局，是指仓库的通道斜穿保管区，把仓库划分为具有不同作业特点，如大量存储和少量存储的保管区等，以便进行综合利用。这种布局形式，仓库内形式复杂，货位和进出库路径较多。如下图所示。

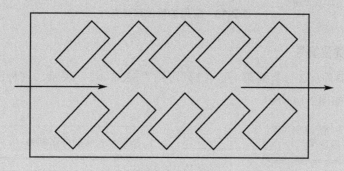

**通道倾斜式布局**

2.空间布局

空间布局是指库存物品在仓库立体空间上布局，其目的在于充分有效地利用仓库空间。空间布局的主要形式有：就地堆码、上货架存放、加上平台、空中悬挂等。

其中使用货架存放物品有很多优点，概括起来有以下几个方面。

（1）便于充分利用仓库空间，提高库容利用率，扩大存储能力。
（2）物品在货架里互补挤压，有利于保证物品本身和其包装完整无损。
（3）货架各层中的物品，可随时自由存取，便于做到先进先出。
（4）物品存入货架，可防潮、防尘，某些专用货架还能起到防损伤、防盗、防破坏的作用。

## 七、货位编号

企业应组织相关人员按照预先确定的编号方法对货位进行编号，方便物料的存放和取用。常见的货位编号方法如图2-13所示。

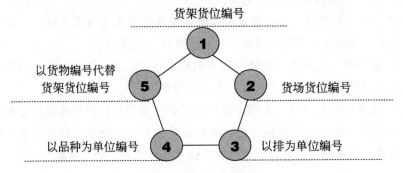

图2-13 常见的货位编号方法

**1.货架货位编号**

例如，B库区3号货架第4层第2列可用"BK-3-4-2"表示，这种编号方法有四个要点，如图2-14所示。

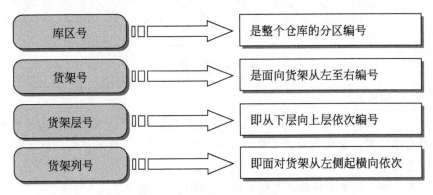

图2-14 货架货位编号要点

## 2.货场货位编号

货场货位编号一般有以下两种方法。

（1）按照货位的排列顺序编号，再在排号内顺序编号。

（2）不编排号，采取自左至右和自前至后的方法顺序编号。

比如，D库房3号位4排2位可用"DK-3-4-2"表示。

## 3.以排为单位编号

（1）将库房内所有的货架按进入库门的方向，自左至右的顺序编号。

（2）对每排货架的夹层或格眼，在排的范围内以自上至下、自前至后的顺序编号。

## 4.以品种为单位编号

（1）库房内的货架按物料的品种划分储存区域。

（2）以品种占用储存区域的大小，在分区编号的基础上进行格眼编号。

## 5.以货物编号代替货架货位编号

（1）适用于进出频繁的零星散装货物。

（2）在编号时，货架格眼应与存放货物的数量、体积大小相适应。

# 八、物料编号

物料管理是仓库管理的重点，物料的编号也是仓库规划的重要任务，企业必须采用合适的编号方法。

## 1.物料编号的要求

企业在组织仓管员进行物料编号时，一定要注意表2-2所示的几点要求。

表2-2 物料编号的要求

| 序号 | 要求 | 操作要点 |
| --- | --- | --- |
| 1 | 简单 | 物料编号使用各种文字、符号、字母、数字表示时应尽量简单明了，不必编得太过复杂 |
| 2 | 分类延展 | （1）对于复杂的物料，进行大分类后还需要进行细分类。例如，五金类可细分为五金管材类、螺栓类等<br>（2）编号时所选择的数字或字母要具有延展性 |
| 3 | 完整 | （1）所有的物料都应有对应的物料编号<br>（2）新的物料应赋予新的编号 |
| 4 | 一一对应 | 一个物料编号只能代表一项物料，不能用一个物料编号代表数项物料，或有数个物料编号代表一项物料 |

续表

| 序号 | 要求 | 操作要点 |
|---|---|---|
| 5 | 统一标准 | 物料编号要统一，分类要具有规律性 |
| 6 | 具有伸缩性 | 物料编号要考虑到未来新产品、新材料存在发展扩充的情形，要预留出一定的余地，应用的新材料应有对应的唯一的编号 |
| 7 | 合理有序 | 物料编号应有组织、有顺序，以便根据物料编号查询某项物料的资料 |
| 8 | 有足够的数量 | 物料编号所采用的文字、符号、字母、数字必须有足够的数量，以便所组成的物料编号足以代表所有已出现和未出现的物料 |
| 9 | 便于记忆 | 物料编号应选择容易记忆、有规律的方法，有暗示和联想的作用，使人不必强制性地记忆 |
| 10 | 能适应计算机管理 | 对各种物料的编号应结合各种物料计算机管理系统进行，要能方便在系统中查询、输入和检索 |

**2. 物料编号的方法**

在对物料进行编号时，常采用数字、字母、混合等编号方法。企业应根据仓库物料种类的实际情况，选择简单、合理的编号方法。

（1）数字法。数字法是以阿拉伯数字为编号工具，按属性方式、流水方式或阶层方式等进行编号的一种方法，如表2-3所示。

表2-3　数字法编号示例

| 类别 | 分配号码 | 类别 | 分配号码 |
|---|---|---|---|
| 塑胶类 | 01～15 | 包材类 | 46～60 |
| 五金类 | 16～30 | 化工类 | 61～75 |
| 电子类 | 31～45 | 其他类 | 76～90 |

（2）字母法。字母法是以英文字母为编号工具，按各种方式进行编号的一种编号方法，如表2-4所示。

表2-4　字母法编号示例

| 采购金额 | 物料种类 | 物料颜色 |
|---|---|---|
| A：高价材料<br>B：中价材料<br>C：低价材料 | A：五金<br>B：塑胶<br>C：电子<br>D：包材<br>E：化工 | A：红色<br>B：橙色<br>C：黄色<br>D：绿色<br>E：青色<br>F：蓝色<br>G：紫色 |

（3）暗示法。暗示法是以字母或数字作为编号工具，进行物料编号的一种方法。字母或数字与物料能产生一定规律的联想，看到编号能联想到相应的物料，如表2-5所示。

表2-5 暗示法编号示例

| 编号 | 螺丝规格/毫米 |
| --- | --- |
| 03008 | 3×8 |
| 04010 | 4×10 |
| 08015 | 8×15 |
| 15045 | 15×45 |
| 12035 | 12×35 |
| 20100 | 20×100 |

（4）混合法。混合法是综合运用数字、字母、暗示等各种方法，此法是工厂最常用的一种编号方法。

比如，电风扇塑胶底座（10）、高价（A）、ABS料（A）、黑色（B）、顺序号（003），其编号为"10-AAB-003"。

# 第三章 智能仓储的硬件建设

**导言**

在对仓储布局进行合理规划的前提下,企业可以投入智能化的硬件设施来提高仓储的运作效率,这些新型硬件设备的使用不仅会增大仓储的自动化水平和物流运作效率,还会给企业带来可观的经济收益。

智能仓储管理实战手册

## 一、电子标签系统

电子标签是RFID技术的载体，RFID是Radio Frequency Identification的缩写，又称无线射频识别，是一种通信技术，可通过无线电信号识别特定目标并读写相关数据，而无需识别系统与特定目标之间建立机械或光学接触。

### 1.电子标签系统的组成

最基本的电子标签系统由以下三部分组成。

（1）标签。电子标签也称为应答器或智能标签，是一个微型的无线收发装置，主要由内置天线和芯片组成。每个标签具有唯一的电子编码。如图3-1所示。

（2）读写器。读写器是一个捕捉和处理RFID标签数据的设备，它可以是单独的个体，也可以嵌入到其他系统之中。读写器是构成RFID系统的重要部件之一，由于它能够将数据写到RFID标签中，因此称为读写器。读写器具有长时间稳定工作及跳频工作超强的抗干扰能力的特点。如图3-2、图3-3所示。

图3-1　托盘类电子标签

（3）天线。天线是一种以电磁波形式把前端射频信号功率接收或辐射出去的设备，是电路与空间的界面器件，用来实现导行波与自由空间波能量的转化。在RFID系统中，天线分为电子标签天线和读写器天线两大类，分别承担接收能量和发射能量的作用。

图3-2　固定式读写器

### 2.RFID技术的工作原理

由阅读器通过发射天线发送特定频率的射频信号，当电子标签进入有效工作区域时产生感应电流，从而获得能量、电子标签被激活，使得电子标签将自身编码信息通过内置射频天线发送出去；阅读器的接收天线接收到从标签发送来的调制信号，经天线调节器传送到阅读器信号处理模块，经解调和解码后将有效信息送至后台主机系统进行相关的处理；主机系统根据逻辑运算识别该标签的身份，针对不同的设定作出相应的处理和控制，最终发出指令信号控制阅读器完成相应的读写操作。如图3-4所示。

图3-3　手持式读写器

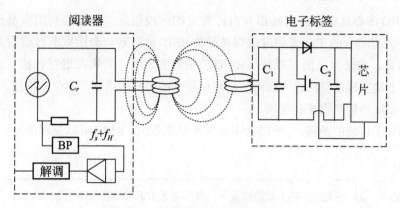

图 3-4 RFID 技术的工作原理

### 3. 电子标签系统的优势

RFID 射频识别是一种非接触式的自动识别技术，它通过射频信号自动识别目标对象并获取相关数据，识别工作无须人工干预，可工作于各种恶劣环境。具体来说，RFID 技术具有图 3-5 所示的优势。

| | |
|---|---|
| 优势一 | RFID 芯片与 RFID 读卡器对水、油和化学药品等物质具有很强抵抗性 |
| 优势二 | 信息的读取上并不受芯片尺寸大小与形状限制，不需为了读取精确度而配合纸张的固定尺寸和印刷品质，而且，RFID 标签正往小型化与多样形态发展，以应用于不同产品 |
| 优势三 | RFID 技术识别相比传统智能芯片更精确，识别的距离更灵活，可以做到穿透性和无屏障阅读 |
| 优势四 | RFID 芯片标签可以重复地新增、修改、删除内部储存的数据，方便信息的更新 |
| 优势五 | 内部数据内容经由密码保护，使其内容不易被伪造及变造 |
| 优势六 | RFID 芯片数据容量很大，而且随着技术发展，容量还有增大的趋势 |

图 3-5 RFID 技术的优势

### 4.RFID与传统条码的区别

RFID核心是使每件商品都有自己特定的一段信息,一边与别的商品进行区分,与之相配合的在仓库的进出口都设立RFID读写器,会读取通过读写器的货物的信息,在仓库里面可以使用RFID的手持客户端,对物品进行扫描。这样可以很容易地实现从商品进库到商品出库过程中的商品的识别、定位、追踪、运送、存取、出库的信息收集和整理。

相较于传统的条码/二维码仓库出入库管理系统,RFID可以克服图3-6所示的难点。

| | |
|---|---|
| 难点一 | 在光线条件太差的情况下,读码器无法正常扫描条码 |
| 难点二 | 一次只能有一个条形码/二维码受到扫描,效率较低 |
| 难点三 | 条形码/二维码标签容易破损或脱落,如果发生该种情况,扫描器就无法辨认目标 |
| 难点四 | 条形码/二维码扫描器必须在近距离且没有物体阻挡的情况下,才可以辨读条形码 |

图3-6 传统的条码/二维码仓库出入库管理的难点

具体来说,RFID与条形码/二维码的区别如表3-1所示。

表3-1 RFID与条形码/二维码的区别

| 项目 | 条形码 | 二维码 | RFID |
|---|---|---|---|
| 设备 | 扫描器/打印纸 | 扫描器/打印纸 | 固定设备/智能手持终端/标签 |
| 编码字符集 | 数字(0~9)ASCII字符 | 数字、汉字、多媒体等全部数字化信息 | 数字、汉字、多媒体等全部数字化信息 |
| 信息量 | 小(几十个字符) | 大(几百个字节) | 大(可扩充到几十K) |
| 信息密度 | 低 | 高 | 高 |
| 纠错能力 | 提供错误校验无法纠错 | 提供错误校验提供错误纠正功能 | 自带防碰撞算法 |
| 可否加密 | 不可 | 可以 | 可以 |
| 识读设备 | 扫描式识读器 | 扫描式/摄像式识读器 | RFID设备 |

续表

| 项目 | 条形码 | 二维码 | RFID |
|---|---|---|---|
| 信息载体 | 纸或物质表面 | 纸或物质表面 | 存储器 |
| 读写性 | 读 | 读 | 读/写 |
| 读取方式 | 光电转换 | 光电转换 | 无线通信 |
| 保密性 | 无 | 好 | 好 |
| 抗环境污染力 | 弱 | 较强 | 非常强 |
| 抗干扰能力 | 较强 | 较强 | 一般 |
| 识读距离 | 0～0.5米 | 0～0.5米 | 0～2米（超高频） |
| 基材价格 | 低 | 低 | 高 |
| 扫描器价格 | 中 | 中 | 高 |
| 优点 | | 数据密度高；<br>输入速度快；<br>可在灰尘、油垢等环境下使用；<br>设备种类多；<br>可非接触识读 | 快速扫描，同时识别多个标签；<br>体积小型化、形状多样化；<br>抗污染能力和耐久性；<br>可重复使用；<br>穿透性和无屏障阅读；<br>数据的记忆容量大；<br>安全性，密码保护 |
| 缺点 | | 同时只能进行一个样品的识别；<br>识别敏捷度低 | 成本高；<br>涉及隐私问题；<br>RFID标签一旦接近读取器，就会无条件自动发出信息；<br>对金属物件和水分环境抗干扰性差 |

## 二、自动化运输系统

自动化运输系统主要包括皮带输送线、滚筒输送线以及托盘输送线等，主要用于纸箱和周转箱的输送，相关厂家主要有瑞仕格、德马泰克、德马等。这个系统很多厂家都能做，其技术含量比其他要相对低一些。

**1. 皮带输送线**

皮带输送线也称皮带输送机，是运用输送带的连续或间歇运动来输送各种轻重不同的物品,既可输送各种散料,也可输送各种纸箱、包装袋等单件重量不大的件货,用途广泛。

(1)皮带输送机的结构型式。皮带输送机的结构型式有槽型皮带机、平型皮带机、爬坡皮带机、转弯皮带机等多种。

① 槽型皮带机。槽型皮带输送机属于短途输送机械设备,输送特别平稳,适合输送容易滑落的散状物质。槽型皮带输送机在其两边加有挡边和裙边,使物料在输送过程中很平稳。槽型皮带输送机的输送带可根据输送不同物料的性质选择特殊的皮带,如具有抗磨、阻燃、耐腐蚀、耐高低温等各种性能要求的输送带。如图3-7所示。

② 平型皮带机。平型皮带输送机机架采用了结构紧凑、刚性好、强度高的三角形机架,机架部分、中间架和中间架支腿全部采用螺栓连接,便于运输和安装。可广泛用于轻工、矿山、煤炭、港口、电站、建材、化工、冶金、石油等各个行业。由单机或多机组合成运输系统来输送物料,可输送松散密度为500~2500千克/立方米的各种散状物料及成件物品。如图3-8所示。

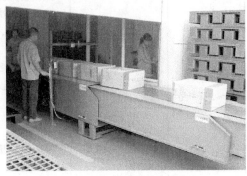

图3-7 槽型皮带机　　　　图3-8 平型皮带机

③ 爬坡皮带机。爬坡皮带输送机运用输送带的连续或间歇运动输送500千克以下的物品或粉状、颗粒状物品。爬坡式皮带输送机运用于有高低差的输送情况下,可完成连续输送,能平滑的与滚筒输送机或链板输送机接驳。如图3-9所示。

④ 转弯皮带机。转弯皮带机的扇形皮带加装专用的防跑偏滚轮(轴承外加聚甲醛),或者在输送带的外侧高频焊接导向筋使输送带运行在专用的导轨中,辊筒采用专用的锥形包胶辊筒。转弯皮带机可输送的物料种类繁多,既可输送各种散料,也可输送各种纸箱、包装袋等单件重量不大的件货,用途广泛。如图3-10所示。

图3-9 爬坡皮带机

图3-10 转弯皮带机

> **小提示**
>
> 转弯皮带机结构形式有30度转弯皮带机、45度转弯皮带机、90度转弯皮带机、180度转弯皮带机，能满足各种转弯输送的工艺要求。

（2）皮带输送机的材质。输送带的材质有橡胶、硅胶、PVC（聚氯乙烯）、PU（聚氨酯）等多种材质，除用于普通物料的输送外，还可满足耐油、耐腐蚀、防静电等有特殊要求物料的输送。采用专用的食品级输送带，可满足食品、制药、日用、化工等行业的要求。

皮带机架材质有碳钢、不锈钢、铝型材。

（3）皮带输送机的驱动方式。皮带输送机驱动方式有减速电机驱动、电动滚筒驱动两种。

（4）皮带输送机的调速方式。皮带输送机调速方式有变频调速、无级变速两种。

（5）皮带输送机的特点。皮带输送机具有图3-11所示的特点。

| 特点一 | 皮带机输送平稳，物料与输送带没有相对运动，能够避免对输送物的损坏 |
| --- | --- |
| 特点二 | 噪声较小，适合于工作环境要求比较安静的场合 |
| 特点三 | 结构简单，便于维护 |
| 特点四 | 能耗较小，使用成本低 |

图3-11 皮带输送机的特点

(6) 皮带输送机的应用范围。皮带输送机可应用于轻工、电子、食品、化工、木业、机械等行业。

(7) 定制注意事项。企业在定制皮带输送机时应注意图3-12所示的事项。

| 事项一 | 皮带输送机载重范围，物品若超过载重范围会造成整条线体不能正常运作 |
|---|---|
| 事项二 | 防静电系数，输送线一般都是防静电的，防静电系数会随着使用时间拉长而降低，企业需要在定制前明确要在多久的时间里确保防静电系数在一定范围内 |
| 事项三 | 滚筒工位，整条输送线中间部分的工位滚筒数量根据线体的长短、载重量等因素确定，工位量不够，同样会影响线体的正常运作 |

图3-12 皮带输送机的定制注意事项

### 2. 滚筒输送线

滚筒输送线是指能够输送单件重量很大的物料，或承受较大的冲击载荷的机械。适用于各类箱、包、托盘等件货的输送，散料、小件物品或不规则的物品需放在托盘上或周转箱内输送。如图3-13所示。

图3-13 滚筒输送线

(1) 滚筒输送线的结构型式。按驱动方式可分为动力滚筒线和无动力滚筒线，按布置形式可分为水平输送滚筒线、倾斜输送滚筒线和转弯滚筒线。还可按客户要求特殊设计，以满足各类客户的要求。

（2）滚筒输送线的材质。滚筒输送线的材质有碳钢、不锈钢、铝材、PVC、塑钢等。

（3）滚筒输送线的驱动方式。滚筒输送线的驱动方式有减速电机驱动、电动辊筒驱动两种。

（4）滚筒输送线的调速方式。滚筒输送线的调速方式有变频调速、电子调速两种。

（5）滚筒输送线的设备特点。滚筒输送线之间易于衔接过渡，可用多条滚筒线及其他输送设备或专机组成复杂的物流输送系统以及分流合流系统，完成多方面的工艺需要。

（6）滚筒输送线的应用范围。滚筒输送线适用于电子、食品、包装、机械、轻工、烟草、化工、医药、橡塑、汽摩、物流等行业。

（7）定制滚筒输送线的注意事项。企业在定制滚筒输送线时，需注意图3-14所示的事项。

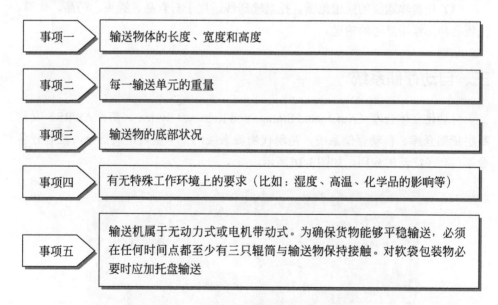

图3-14　定制滚筒输送线的注意事项

**3.托盘输送线**

托盘输送线是指在驱动装置的驱动下，利用滚筒或链条作为承载物，对托盘及其上的货物进行输送。如图3-15所示。

图3-15　托盘输送线

（1）托盘输送线的结构型式。托盘输送线有链条输送型、辊筒输送型这两种型式。

（2）托盘输送线的优点。托盘输送线具有能输送较重的货物，输送能力大，安全、经济的优点。

（3）托盘输送线的应用范围。托盘输送线适用于对食品、罐头、药品、饮料、化妆品和洗涤用品等的输送。

## 三、自动存储系统

自动化立体仓库（Automated Storage and Retrieval System，简称AS/RS）又称高层货架仓库、自动存储系统，是现代物流系统的一个重要组成部分，在各行各业都得到了广泛的应用。如图3-16所示。

图3-16　自动化立体仓库

1. 自动化立体仓库的优点

自动化立体仓库能充分利用存储空间,通过WMS可实现设备的联机控制,以先入先出的原则,迅速准确地处理货品,合理地进行库存数据管理。具体来说,自动化立体仓库具有图3-17所示的优点。

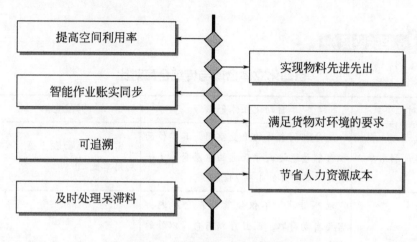

图3-17 自动化立体仓库的优点

(1)提高空间利用率。充分利用了仓库的垂直空间,单位面积的存储量远大于传统仓库。此外,传统仓库必须将物品归类存放,造成大量空间闲置,自动化立体仓库可以随机存储,任意货物存放于任意空仓内,由系统自动记录准确位置,大大提高了空间的利用率。

(2)实现物料先进先出。传统仓库由于空间限制,将物料码放堆砌,常常是先进后出,导致物料积压浪费。自动化立体仓库系统能够自动绑定每一票物料的入库时间,自动实现物料先进先出。

(3)智能作业账实同步。传统仓库的管理涉及大量的单据传递,且很多由手工录入,流程冗杂且容易出错。立体仓库管理系统与ERP系统对接后,从生产计划的制订开始到下达货物的出入库指令,可实现全流程自动化作业,且系统自动过账,保证了信息准确及时,避免了账实不同步的问题。

(4)满足货物对环境的要求。相较传统仓库,能较好地满足特殊仓储环境的需要,如避光、低温、有毒等特殊环境。保证货品在整个仓储过程的安全运行,提高了作业质量。

(5)可追溯。通过条码技术等,准确跟踪货物的流向,实现货物的可追溯。

(6)节省人力资源成本。立体仓库内,各类自动化设备代替了大量的人工作业,大大降低人力资源成本。

（7）及时处理呆滞料。传统仓库部分物料由于技改或产品过时变成了呆料，忘记入账变成了死料，不能及时清理，既占用库存货位，又占用资金。立体仓库系统的物料入库，自动建账，不产生死料，可以搜索一定时期内没有操作的物料，及时处理呆料。

**相关链接**

### 自动化立体仓库与传统仓库对比

| 对比项目 | 自动化立体仓库 | 传统仓库 |
| --- | --- | --- |
| 空间利用率 | 充分利用仓库的垂直空间，其单位面积存储量远远大于普通的单层仓库（一般是单层仓库的4～7倍） | 需占用大面积土地，空间利用率低 |
| 储存形态 | 动态储存：不仅使货物在仓库内按需要自动存取，而且可以与仓库以外的生产环节进行有机连接，使仓库成为企业生产物流中的一个重要环节；通过短时储存，可使外购件和自制生产件在指定的时间自动输出到下一道工序进行生产，从而形成一个自动化的物流系统 | 静态储存：只是货物储存的场所，保存货物是其唯一的功能 |
| 作业效率和人工成本 | 高度机械化和自动化，出入库速度快；人工成本低 | 主要依靠人力，货物存取速度慢；人工成本高 |
| 准确率 | 采用先进的信息技术，准确率高 | 信息化程度低，容易出错 |
| 可追溯性 | 采用条码技术与信息处理技术，准确跟踪货物的流向 | 物料的名称、数量、主规格、出入库日期等信息大多以手工记登为主，数据准确性和及时性难以保证 |
| 管理水平 | 计算机智能化管理，使企业生产管理和生产环节紧密联系，有效降低库存积压 | 计算机管理很少，企业生产管理和生产环节紧密度不够，库存控制往往不准确 |
| 对环境要求 | 能适应黑暗、低温、有毒等特殊环境的要求 | 受黑暗、低温、有毒等特殊环境影响很大 |

## 2.自动化立体仓库的缺点

不可否认，自动化立体仓库具有图3-18所示的缺点。

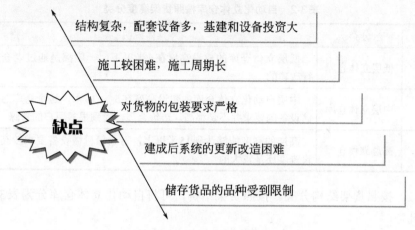

图3-18 自动化立体仓库的缺点

## 3.自动化立体仓库的功能

自动化立体仓库具有图3-19所示的功能。

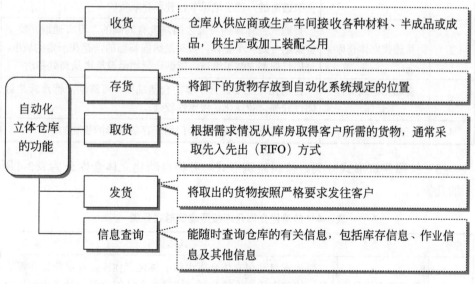

图3-19 自动化立体仓库的功能

## 4.自动化立体仓库的分类

目前自动化立体仓库的分类方法主要有以下几种。

（1）按照货架高度分类。按照货架高度，可将自动化立体仓库分为表3-2所示的几类。

表3-2　自动化立体仓库按照货架高度分类

| 序号 | 分类 | 具体说明 |
| --- | --- | --- |
| 1 | 低层立体仓库 | 低层立体仓库的建设高度在5米以下，一般都是通过老仓库进行改建的 |
| 2 | 中层立体仓库 | 中层自动化立体仓库的建设高度在5～15米，这个仓库对于仓储设备的要求并不是很高，造价合理，受到很多用户的青睐 |
| 3 | 高层立体仓库 | 高层的高度能够达到15米以上，对仓储机械设备要求较高，建设难度还是较大的 |

（2）按照货架结构分类。按照货架结构，可将自动化立体仓库分为表3-3所示的几类。

表3-3　自动化立体仓库按照货架结构分类

| 序号 | 分类 | 具体说明 |
| --- | --- | --- |
| 1 | 货格式立体仓库 | 货格式自动化立体仓库应用范围比较广泛，主要特点是每一层货架都是由同一个尺寸的货格组合而成的，开口是面向货架通道的，便于堆垛车行驶和存取货物 |
| 2 | 贯通式立体仓库 | 贯通式立体库的货架之间是没有间隔的，没有通道，整个货架组合是一个整体。货架是纵向贯通的，存在一定的坡度，每层货架都安装了滑道，能够让货物沿着滑道从高处移动 |
| 3 | 自动化柜式立体仓库 | 自动化库主要适合小型的仓储规模，可移动，特点就是封闭性较强，智能化、保密性较强 |
| 4 | 条形货架立体仓库 | 条形式仓库主要就是专门用于存放条形的货物的 |

（3）按照建筑形式分类。按照建筑形式，可将自动化立体仓库分为表3-4所示的几类。

表3-4　自动化立体仓库按照建筑形式分类

| 序号 | 分类 | 具体说明 |
| --- | --- | --- |
| 1 | 整体式立体仓库 | 整体式自动化立体仓库也叫一体化立体库，高层货架和建筑是一体建设的，不能分开，这样永久性的仓储设施采用钢筋混凝土构造而成，使得高层的货架也具有稳固性 |
| 2 | 分离式立体仓库 | 分离式仓库就是与整体式是相反的，货架是单独建设的，是与建筑物分离的 |

（4）按照货物存取形式分类。按照货物存取形式，可将自动化立体仓库分为表3-5所示的几类。

表3-5 自动化立体仓库按照货物存取形式分类

| 序号 | 分类 | 具体说明 |
|---|---|---|
| 1 | 拣选货架式 | 拣选货架式中分拣机构是其核心部分，分为巷道内分拣和巷道外分拣两种方式。"人到货前拣选"是拣选人员乘拣选式堆垛机到货格前，从货格中拣选所需数量的货物出库。"货到人处拣选"是将存有所需货物的托盘或货箱由堆垛机至拣选区，拣选人员按提货单的要求拣出所需货物，再将剩余的货物送回原地 |
| 2 | 单元货架式 | 单元货架式是常见的仓库形式。货物先放在托盘或集装箱内，再装入单元货架的货位上 |
| 3 | 移动货架式 | 移动货架式由电动货架组成，货架可以在轨道上行走，由控制装置控制货架合拢和分离。作业时货架分开，在巷道中可进行作业；不作业时可将货架合拢，只留一条作业巷道，从而提高空间的利用率 |

（5）按照自动化程度分类。按照自动化程度，可将自动化立体仓库分为表3-6所示的几类。

表3-6 自动化立体仓库按照自动化程度分类

| 序号 | 分类 | 具体说明 |
|---|---|---|
| 1 | 半自动化立体仓库 | 半自动化立体仓库是指货物的存取和搬运过程一部分是由人工操作机械来完成的，一部分是由自动控制完成的 |
| 2 | 自动化立体仓库 | 自动化立体仓库是指货物的存取和搬运过程是自动控制完成的 |

（6）按照仓库在物流系统中的作用分类。按照仓库在物流系统中的作用，可将自动化立体仓库分为表3-7所示的几类。

表3-7 按照仓库在物流系统中的作用分类

| 序号 | 分类 | 具体说明 |
|---|---|---|
| 1 | 生产型仓库 | 生产型仓库是指工厂内部为了协调工序和工序、车间和车间、外购件和自制件间物流的不平稳而建立的仓库，它能保证各生产工序间进行有节奏的生产 |
| 2 | 流通型仓库 | 流通型仓库是一种服务性仓库，它是企业为了调节生产厂和用户间的供需平衡而建立的仓库。这种仓库进出货物比较频繁，吞吐量较大，一般都和销售部有直接联系 |

(7) 按照自动化仓库与生产联系的紧密程度分类。按照自动化仓库与生产联系的紧密程度，可将自动化立体仓库分为表3-8所示的几类。

表3-8　按照自动化仓库与生产联系的紧密程度分类

| 序号 | 分类 | 具体说明 |
| --- | --- | --- |
| 1 | 独立型仓库 | 独立型仓库也称"离线"仓库，是指从操作流程及经济性等方面来说都相对独立的自动化仓库。这种仓库一般规模都比较大，存储量较大，仓库系统具有自己的计算机管理、监控、调度和控制系统。又可分为存储型和中转型仓库。如配送中心就属于这类仓库 |
| 2 | 半紧密型仓库 | 半紧密型仓库是指它的操作流程、仓库的管理、货物的出入和经济利益与其他厂（或内部，或上级单位）有一定关系，而又未与其他生产系统直接相联 |
| 3 | 紧密型仓库 | 紧密型仓库也称"在线"仓库，是指那些与工厂内其他部门或生产系统直接相联的自动化仓库，两者间的关系比较紧密 |

(8) 按照仓储的功能分类。按照仓储的功能，可将自动化立体仓库分为表3-9所示的几类。

表3-9　自动化立体仓库按照仓储的功能分类

| 序号 | 分类 | 具体说明 |
| --- | --- | --- |
| 1 | 储存式立体仓库 | 储存式立体仓库是以储存功能为主，采用密集型货架。货物的种类较少，数量大，存期长 |
| 2 | 拣选式立体仓库 | 拣选式立体仓库是以拣选为主，货物种类较多，发货的数量小 |

**5.自动化立体仓库的构成**

自动化立体仓库的主体由货架、巷道式堆垛起重机、入（出）库工作台和自动运进（出）及操作控制系统组成。

(1) 高层货架。通过立体货架实现货物存储功能，充分利用立体空间，并起到支撑堆垛机的作用。根据货物承载单元的不同，立体货架又分为托盘货架系统和周转箱货架系统。如图3-20所示托盘货架系统。

(2) 巷道式堆垛机。巷道式堆垛机是自动化立体仓库的核心起重及运输设备，在高层货架的巷道内沿着轨道运行，实现取送货物的功能。巷道式堆垛机主要分为单立柱堆垛机和双立柱堆垛机。如图3-21所示为单立柱堆垛机。

图3-20 托盘货架系统

图3-21 单立柱堆垛机

（3）出入库输送系统。巷道式堆垛机只能在巷道内进行作业，而货物存储单元在巷道外的出入库需要通过出入库输送系统完成。

常见的输送系统有传输带、穿梭车（RGV）、自动导引车（AGV）、叉车、拆码垛机器人等，输送系统与巷道式堆垛机对接，配合堆垛机完成货物的搬运、运输等作业。如图3-22～图3-24所示。

（4）周边设备。周边辅助设备包括自动识别系统、自动分拣设备等，其作用都是为了扩充自动化立体仓库的功能，如可以扩展到分类、计量、包装、分拣等功能。

图3-22 拆码垛机器人

图3-23　RGV穿梭车　　　　　　　图3-24　AGV搬运机器人

（5）自动控制系统。自动控制系统是整个自动化立体仓库系统设备执行的控制核心，向上联接物流调度系统，接受物料的输送指令；向下联接输送设备实现底层输送设备的驱动、输送物料的检测与识别；完成物料输送及过程控制信息的传递。

> **小提示**
>
> 自动控制系统主要是采用现场总线的方式控制设备工作。管理控制系统是自动化立体仓库的软件部分，它决定了自动化立体仓库得以自动化、智能化、无人化作业。

（6）仓储管理系统。仓储管理系统是对订单、需求、出入库、货位、不合格品、库存状态等各类仓储信息的分析和管理。该系统是自动化立体仓库系统的核心，是保证立体库更好使用的关键。

### 6.自动化立体仓库的布置规划

自动化立体仓库总体布置规划要点如图3-25所示。

（1）货物的单元形式、尺寸和重量的确定。立体仓库是以单元货物搬运为前提，为了合理地确定货物单元的形式、尺寸及重量，需要对入库货物的品种进行综合分析，根据分析结果确定仓储作业的主要货物单元形式、尺寸和重量，进行仓库的货架、作业机械的合理配置。

（2）仓库型式和作业方式的确定。确定仓库的型式和作业方式应建立在仓储货物的品种及规格型号的基础上。具体要求如图3-26所示。

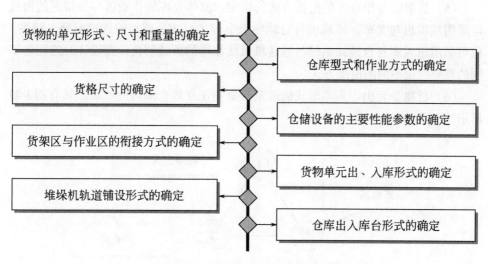

图3-25 立体仓库总体布置规划要点

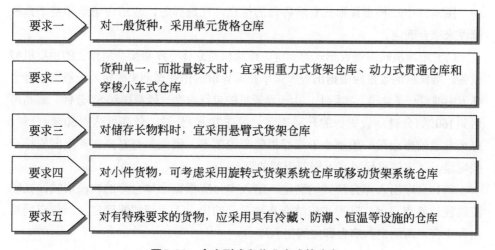

图3-26 仓库型式和作业方式的确定

（3）货格尺寸的确定。在货物单元尺寸确定后，货格的尺寸主要取决于货物四周需留出的净空大小和货架的结构尺寸，同时，还应结合搬运机械的停车位置确定货格的尺寸。

（4）仓储设备的主要性能参数的确定。仓储机械设备的主要性能参数应根据仓库的运行规模、货物的品种和出入库频率等综合确定仓储设备的主要性能参数，主要是确定各个机构的工作速度、额定起重量等；对于输送机，则需确定其带宽、带速等；在确定各种仓储设备的速度时，应以整个系统运行相协调的原则进行。

（5）货架区与作业区的衔接方式的确定。立体仓库的作业区与货架区的衔接可采用堆垛机与叉车、堆垛机与自动导引小车（AGV）或与输送机配套来解决；也可采用出入库月台装卸系统与输送机系统相连的方式解决，在设计时应根据不同的需要确定不同的衔接方式。

（6）货物单元出、入库形式的确定。货物在立体仓库内的流动形式有图3-27所示的三种。

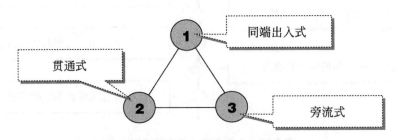

图3-27　货物在立体仓库内的流动形式

图3-27中三种布置形式有着各自的优点，在选择时，应结合场地和整个系统流程来综合确定。

（7）堆垛机轨道铺设形式的确定。堆垛机是立体仓库货架巷道作业的主要机械设备。堆垛机的数量应根据出入库频率和堆垛机的作业周期来确定，一般要求每个巷道中铺设一条轨道。实际上，由于堆垛机的走行速度一般都在80米/分钟，最高可达到160米/分钟，载货台的升降速度一般在20米/分钟，最高可达到60米/分钟，每个巷道的作业量一般都小于堆垛机的理论效率。因此，有必要在货架间安排一些弯道，以方便堆垛机在不同巷道间的调动。

（8）仓库出入库台形式的确定。出入库台应根据立体仓库的物流形式，在物流路径的终点设置。其形式应结合货物单元的出、入库形式来确定，一般有同端出入库台、两端出入库台和中间出入库台。

> **小提示**
>
> 在进行立体仓库设计时，还应结合立体仓库仓储物流系统，对仓库的结构、消防、照明、信息化等提出相应的要求，以确保物流搬运系统的高效运作。

**7.选择自动化立体仓库需考虑的问题**

自动化仓库带来了更高的物流作业水准，同时也给企业带来了更多的成本。因此，企业在选择仓库自动化时应该考虑图3-28所示的几个问题。

要对项目进行审视，着眼于实际业务需要，而不是为自动化而自动化

要进行技术评估，确定自动化是否适当

要对设备的性能进行详细的审视

根据计划阶段设定的作业环境参数和意外情况，做敏感度分析

图3-28 选择自动化立体仓库需考虑的问题

（1）要对项目进行审视，着眼于实际业务需要，而不是为自动化而自动化。在考虑自动化的时候，还要考虑与它相配套的手工作业。事实上，基本上没有哪一个立体仓库是真正的立体仓库，任何立体库都是自动化与手工的结合。确定项目的时候，需要建立计划数据库。一般情况下需把未来3～5年内，仓库的吞吐量、存储容量、订单货物的类别等要素考虑进去。

（2）要进行技术评估，确定自动化是否适当。根据库房吞吐量和存储需要，可以确定是否需要自动化和自动化要达到的程度。按照作业水平可以把库房作业分成由低到高的四个层次，如图3-29所示。

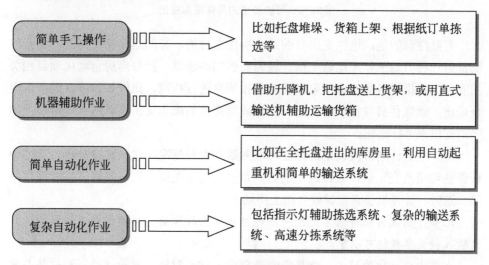

图3-29 库房作业的四个层次

随着库房作业复杂程度和库房容量的增长，企业的选择也会跟着变化。比如，当库房每小时处理的订单超过500个，自动化作业就被提上议事日程了。

(3) 要对设备的性能进行详细的审视。当确定有必要实施自动化以后，下一步就要对设备的性能进行详细的审视。每个被选设备的可选特性只需通过"是/否"备选框，就可以挑选出来。

比如，对严格实行先进先出的库房来说，单倍深自动存储系统就足够了，无须采用双倍深的存储系统或密集的起重机系统。

对设备的特性进行如此细致的评估后，就能得出哪些设备是必须要配备的，哪些设备是可以舍弃不用的。这个过程结束后，可能只有两三种比较适合的方案留下来。进而对剩下的两三种方案进行全面成本比较，比较的时候要把相关的成本都考虑进去。

比如，在考虑设备资金投入的基础上，应把占用的空间、操作工的数量、维修与保养等都考虑进去。

一般来说，可能发生的具体成本支出包括图3-30所示的内容。

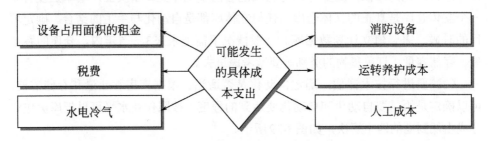

图3-30　可能发生的具体成本支出

需要注意的是，这些支出有的是一次性支付的，有的是分期支付的，企业应衡量每一种方案的年度运营支出。较为妥当的办法是，把与库房自动化项目相关的支出，根据设备的折旧年限和期望的报酬率进行折现，比较每种方案的折现现金流出，就像住房按揭一样，把一次性或周期性的成本支出换算成一定年限内的平均支出来进行比较。

(4) 根据计划阶段设定的作业环境参数和意外情况，做敏感度分析。通过分析作业环境改变之后，最终选中的方案是否会发生改变，可以发现方案的潜在缺陷。这时，计算机仿真测试就会派上用场了。

比如，测试自动存储系统的一个起重机发生故障后，对整体作业的影响，只需输入相关参数就可以了。

在重大自动化项目中，这是很有必要的，在计算机上对设计进行测试是非常容易的，当进入签约阶段，发现不适合再想改变就难了。

通过逐渐缩小选择范围的方法，能把各个型号的自动化设备都考虑进去。只有通过这样彻底的分析，才能选中一个合适的自动化系统。

**相关链接**

## 自动化立体仓库的设计

### 一、主要设计原则

好的自动化仓库系统一般都遵循以下几个原则。

（1）系统高性能、低造价（高性价比）。

（2）尽量使用简单合适的设备，使用设备最少，简化整个物流系统。

（3）物品处理次数最少，整体运行效率最高。

（4）充分考虑人员和系统的安全。

（5）无人化程度高，尽量减少人工干预。

（6）满足国家和行业有关标准，尽量采用标准的零部件和系统。

（7）操作、维护简单、方便。

（8）降低使用和维护成本。

（9）系统集成商较高的服务质量。

（10）灵活性高，系统易于改进、扩充和升级。

此外，还有降低能耗、环保等方面的要求。在具体特定的场合下，以上原则有些可能是互相影响的，甚至互相制约的。为了做出最好的设计，设计人员必须具有扎实的理论基础、丰富的实践经验和对买方要求的深入了解，并做出取舍，对相关的原则进行修正和补充。

### 二、主要性能参数

（1）库存容量。立体仓库的容量，包括所有需储存和暂存在该立体仓库中的物品总量。

（2）系统工作能力。立体仓库物流系统出库、入库和操作的能力。

（3）信息处理。立体仓库信息处理的能力，包括信息采集、信息加工、信息查询、信息通信，甚至业务信息处理等方面的能力。

（4）周边物流处理。如何将货物卸车、检验、组盘、运送到高层货架的巷道口，货物从高层货架取出后拆盘、合并、拣选、搬运、装车等处理。

（5）人机衔接能力。操作人员与该系统的衔接、人机界面、信息录入、检验不合格品的处理、进入自动搬运线等。

### 三、规划设计步骤

为完成一个自动化立体仓库的设计，应组织相关有经验的技术人员进行如下工作。

（1）需求分析。对买方提出的要求和数据进行归纳、分析和整理，确定

第三章 智能仓储的硬件建设

设计目标和设计标准，还应认真研究工作的可行性、时间进度、组织措施及影响设计的其他因素。

（2）确定货物单元形式及规格。根据调查和统计结果，并综合考虑多种因素，确定合理的单元形式及规格。这一步很重要，因为它是以下各步设计和实施的基础。

（3）确定自动化仓库的形式、作业方式和机械设备参数。立体仓库的形式有很多种，一般多采用单元货格形式。根据工艺要求确定作业方式，选择或设计合适的物流搬运设备，确定它们的参数。

（4）建立模型。确定各物流设备的数量、尺寸、安放位置、运行范围等仓库内的布置，以及相互间的衔接。

（5）确定工艺流程，对仓库系统工作能力进行仿真计算。确定仓库存取模式以及工艺流程。通过物流仿真软件和计算，得出物流系统作业周期和能力的数据；根据仿真计算的结果，调整各有关参数和配置，直到满足要求为止。

（6）确定控制方式和仓库管理方式。控制方式有多种，主要是根据以上的设备选择合理的方式，并满足买方需求。一般是通过计算机信息系统进行仓库管理，确定涉及哪些业务部门、计算机网络及数据处理的方式、相互之间的接口和操作等。

（7）确定自动化系统的技术参数和配置。根据设计确定自动化设备的配置和技术参数，例如，选择什么样的计算机、控制器等问题。

（8）确定边界条件。明确有关各方的工作范围、工作界面以及界面间的衔接。

（9）提出对土建及公用工程的要求。提出对基础承载、动力供电、照明、通风采暖、给排水、报警、温湿度、洁净度等方面的要求。

（10）形成完整的系统技术方案。考虑其他各种有关因素，与买方讨论，综合调整方案，最后形成切实可行的初步技术方案。

## 四、应注意的几个问题

（1）不要过分追求单台（种）设备的高性能，而忽视了整体系统的性能。

（2）各种要求应适当，关键是要满足自己的使用要求。要求太低满足不了使用需要，过高的要求将可能使系统造价过高、可靠性降低、实施困难、维护不便或灵活性变差等。

（3）确定工期要实事求是，过短的工期可能会造成系统质量的下降，或不可能按期交工。

（4）系统日常维护十分重要，和我们保养汽车的道理一样，应经常对系统进行保养，使系统保持良好的工作状态，延长系统使用寿命，及时发现故障隐患。

（5）为使用好自动化立体仓库，需有高素质的管理和维护人才，需要有相应的配套措施。

## 四、自动分拣系统

自动分拣系统（Automatic Sorting System）是先进配送中心所必需的设施条件之一。可将随机的、不同类别、不同去向的物品，按产品的类别或产品目的地，从产品仓库或者是货架，经过拣选后按照系统要求的路径送到仓库出货装车位置。自动分拣系统具有很高的分拣效率，通常每小时可分拣商品6000～12000箱。如图3-31所示。

图3-31　自动分拣系统

### 1.自动分拣系统的特点

自动分拣系统具有图3-32所示的特点。

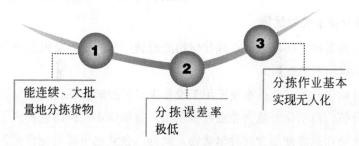

图3-32　自动分拣系统的特点

（1）能连续、大批量地分拣货物。由于采用大生产中使用的流水线自动作业方式，自动分拣系统不受气候、时间、人的体力等的限制，可以连续运行，同时由于自动分拣系统单位时间分拣件数多，因此自动分拣系统的分拣能力是连续运行100个小时以上，每小时可分拣7000件包装商品，如用人工则每小时只能分拣150件左右，同时分拣人员也不能在这种劳动强度下连续工作8小时。

（2）分拣误差率极低。自动分拣系统的分拣误差率大小主要取决于所输入分拣信息的准确性大小，这又取决于分拣信息的输入机制，如果采用人工键盘或语音识别方式输入，则误差率在3%以上，如采用条形码扫描输入，除非条形码的印刷本身有差错，否则不会出错。因此，目前自动分拣系统主要采用条形码技术来识别货物。

（3）分拣作业基本实现无人化。建立自动分拣系统的目的之一就是为了减少人员的使用，减轻员工的劳动强度，提高人员的使用效率，因此自动分拣系统能最大限度地减少人员的使用，基本做到无人化。分拣作业本身并不需要使用人员，人员的使用仅局限于图3-33所示的工作。

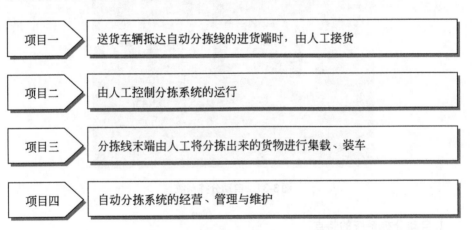

图3-33 分拣系统的人工作业项目

### 2.自动分拣系统的优势

自动分拣系统之所以能够在现代化物流得到广泛应用，是因为全自动分拣系统具有图3-34所示的优点。

（1）自动化分拣。分拣系统应用于设备中，可控制设备自动化分拣货物，不需要人工分拣。自动化分拣为企业减少了很多劳动成本，同时也加快了企业的工作进度，让企业更方便地管理存储货物。此外，企业也不需要花费更多的时间在分拣工作上，可以将精力放置在其他工作上。

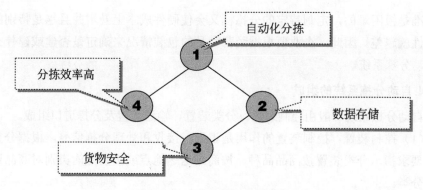

图3-34　自动分拣系统的优点

（2）数据存储。分拣系统在工作的时候可以存储数据，而这些数据都会存储在系统中。数据存储主要是确保货物分拣正确，能保证分拣的货物不会丢失。人工分拣货物的时候，常常会出现分拣错误，或者是出现货物丢失的情况，导致分拣工作出现各种各样的问题。因此，分拣系统数据存储能有效避免这样的问题。

（3）货物安全。使用设备分拣货物，能确保货物分拣安全，同时也能保证货物分拣正确。然而，人工分拣货物的话，会出现各种问题，尤其是货物安全无法保证。

（4）分拣效率高。分拣效率高是系统应用的最大优势，使用分拣系统的企业，就能实现高效分拣。

**3.自动分拣系统的适用条件**

虽然自动分拣系统有以上诸多优点，但也不是任何仓库、任何企业都适用的。一般来说，自动分拣系统的适用条件如下。

（1）一次性投资巨大。自动分拣系统本身需要建设短则40～50米，长则150～200米的机械传输线，还有配套的机电一体化控制系统、计算机网络及通信系统等，这一系统不仅占地面积大，动辄2万平方米以上，而且一般自动分拣系统都建在自动立体仓库中，这样就要建3～4层楼高的立体仓库，库内需要配备各种自动化的搬运设施，这丝毫不亚于建立一个现代化工厂所需要的硬件投资。因此，小企业无力进行此项投资。

（2）对商品外包装要求高。自动分拣机只适于分拣底部平坦且具有刚性的包装规则的商品。袋装商品、包装底部柔软且凹凸不平、包装容易变形、易破损、超长、超薄、超重、超高、不能倾覆的商品不能使用普通的自动分拣机进行分拣。因此为了使大部分商品都能用机械进行自动分拣。可以采取两条措施：一是推行标准化包装，使大部分商品的包装符合国家标准；二是根据所分拣的大部分商品的统一的包装特性定制特定的分拣机。但要让所有商品的供应商都执行国家的包装标准是很困难的，定制特定的分拣机又会使硬件成本上升，并且越是特别的其通用性就越差。因此，企业要根据经营商品的包装情况来确定是否建或建什么样的自动分拣系统。

### 4. 自动分拣系统的组成

自动分拣系统一般由控制装置、分类装置、输送装置及分拣道口组成。

（1）控制装置。控制装置的作用是识别、接收和处理分拣信号，根据分拣信号的要求指示分类装置按商品品种、按商品送达地点或按货主的类别对商品进行自动分类。

这些分拣需求可以通过如图3-35所示的不同方式，输入到分拣控制系统中去，根据对这些分拣信号判断，来决定某一种商品该进入哪一个分拣道口。

（2）分类装置。分类装置的作用是根据控制装置发出的分拣指示，当具有相同分拣信号的商品经过该装置时，该装置动作，使商品改变在输送装置上的运行方向进入其他输送机或进入分拣道口。

分类装置的种类很多，一般有图3-36所示的几种，不同的装置对分拣货物的包装材料、包装重量、包装物底面的平滑程度等有不完全相同的要求。

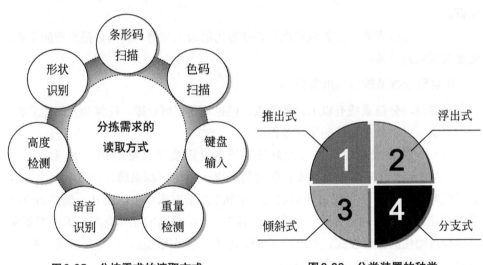

图3-35　分拣需求的读取方式　　　　图3-36　分类装置的种类

（3）输送装置。输送装置的主要组成部分是传送带或输送机，其主要作用是使待分拣商品通过控制装置、分类装置，并输送装置的两侧，一般要连接若干分拣道口，使商品分好类的商品滑下主输送机（或主传送带）以便进行后续作业。

（4）分拣道口。分拣道口是已分拣商品脱离主输送机（或主传送带）进入集货区域的通道，一般由钢带、皮带、滚筒等组成滑道，使商品从主输送装置滑向集货站台，在那里由工作人员将该道口的所有商品集中后或是入库储存，或是组配装车并进行配送作业。

以上四部分装置通过计算机网络联结在一起，配合人工控制及相应的人工处理环节构成一个完整的自动分拣系统。

### 自动分拣系统的种类

自动分拣系统是工厂自动化立体仓库及物流配送中心对物流进行分类、整理的关键设备之一，通过应用分拣系统可实现物流中心准确、快捷的工作。因此，在快递行业它被誉为"智能机器手"。那么，自动分拣系统有哪几种类型？

1. 交叉带分拣机

交叉带分拣机有很多种型式，通常比较普遍的为一车双带式，即一个小车上面有两段垂直的皮带，既可以每段皮带上搬送一个包裹也可以两段皮带合起来搬送一个包裹。在两段皮带合起来搬送一个包裹的情况下，可以通过在分拣机两段皮带方向的预动作，使包裹的方向与分拣方向相一致，以减少格口的间距要求。交叉带分拣机的优点就是噪声低、可分拣货物的范围广，通过双边供包及格口优化可以实现单台最大能力约2万件/小时。但缺点也是比较明显的，即造价比较昂贵、维护费用高。

2. 翻盘式分拣机

翻盘式分拣机是通过托盘倾翻的方式将包裹分拣出去的，该分拣机在快递行业也有应用，但更多的是应用在机场行李分拣领域。最大能力可以达到每小时1.2万件。标准翻盘式分拣机由木托盘、倾翻装置、底部框架组成，倾翻分为机械倾翻及电动倾翻两种。

3. 滑块式分拣机

滑块式分拣机是一种特殊型式的条板输送机。输送机的表面用金属条板或管子构成，如竹席状，而在每个条板或管子上有一枚用硬质材料制成的导向滑块，能沿条板作横向滑动。平时滑块停止在输送机的侧边，滑块的下部有销子与条板下导向杆联结，通过计算机控制，当被分拣的货物到达指定道口时，控制器使导向滑块有序地自动向输送机的对面一侧滑动，把货物推入分拣道口，从而商品就被引出主输送机。这种方式是将商品侧向逐渐推出，并不冲击商品，故商品不容易损伤，它对分拣商品的形状和大小适用范围较广，是目前国外一种最新型的高速分拣机。

滑块式分拣机是在快递行业应用非常多的一种分拣机。滑块式分拣机是一种非常可靠的分拣机，故障率非常低，在大的配送中心，比如UPS的路易斯维尔，就使用了大量的滑块式分拣机来完成预分拣及最终分拣。滑块式分拣机可以多台交叉重叠起来使用，以满足单一滑块式分拣机无法达到能力要求的目的。

### 4. 挡板式分拣机

挡板式分拣机是利用一个挡板（挡杆）挡住在输送机上向前移动的商品，将商品引导到一侧的滑道排出。挡板的另一种形式是挡板一端作为支点，可作旋转。挡板动作时，像一堵墙似地挡住商品向前移动，利用输送机对商品的摩擦力推动，使商品沿着挡板表面移动，从主输送机上排出至滑道。平时挡板处于主输送机一侧，可让商品继续前移；如挡板作横向移动或旋转，则商品就排向滑道。挡板一般是安装在输送机的两侧，和输送机上平面不相接触，即使在操作时也只接触商品而不触及输送机的输送表面，因此它对大多数形式的输送机都适用。就挡板本身而言，也有不同型式，如有直线型、曲线型、也有的在挡板工作面上装有滚筒或光滑的塑料材料，以减少摩擦阻力。

### 5. 胶带浮出式分拣机

胶带浮出式分拣机用于辊筒式主输送机上，将有动力驱动的两条或多条胶带或单个链条横向安装在主输送辊筒之间的下方。当分拣机结构接受指令启动时，胶带或链条向上提升，接触商品底部会把商品托起，并将其向主输送机一侧移出。

### 6. 辊筒浮出式分拣机

辊筒浮出式分拣机用于辊筒式或链条式的主输送机上，将一个或数个有动力的斜向辊筒安装在主输送机表面下方，分拣机构启动时，斜向辊筒向上浮起，接触商品底部，将商品斜向移出主输送机。这种上浮式分拣机，有一种是采用一排能向左或向右旋转的辊筒，以气功提升，可将商品向左或向右排出。

### 7.条板倾斜式分拣机

条板倾斜式分拣机是一种特殊型式的条板输送机,商品装载在输送机的条板上,当商品行走到需要分拣的位置时,条板的一端自动升起,使条板倾斜,从而将商品移离主输送机。商品占用的条板数量随不同商品的长度而定,经占用的条板数如同一个单元,同时倾斜,因此,这种分拣机对商品的长度在一定范围内不受限制。

以上就是分拣系统的各种类型,根据它的分类,我们不难看出,每种分拣机都有自己的分拣对象,这也是各种分拣系统的重要区别。

## 五、机器人分拣系统

基于快递物流客户高效、准确的分拣需求,分拣机器人系统应运而生。通过分拣机器人系统与工业相机的快速读码及智能分拣系统相结合,可实现包裹称重/读码后的快速分拣及信息记录交互等工作。如图3-37所示。

图3-37 分拣机器人

### 1.机器人分拣系统的优势

分拣机器人系统作为新型自动分拣技术,最高可实现高达15000件/小时的拣选效率,并且在系统灵活性、易扩展性等方面更具优势。具体如图3-38所示。

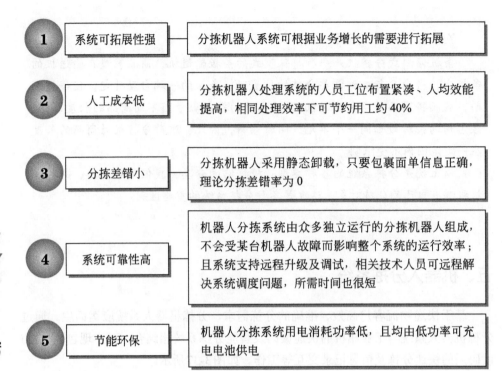

图3-38 机器人分拣系统的优势

## 2.机器人分拣系统的作业流程

分拣机器人系统可大量减少分拣过程中的人工需求，提高分拣效率及自动化程度，并大幅度提高分拣准确率。一般来说，机器人分拣系统的作业流程如图3-39所示。

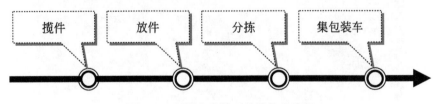

图3-39 机器人分拣系统的作业流程

（1）揽件。包裹到达分拣中心后，卸货至皮带机，由工作人员控制供件节奏，包裹经皮带机输送至拣货区工位。

（2）放件。工人只需将包裹以面单朝上的方向放置在排队等候的自动分拣机器人上，机器人搬运包裹过龙门架进行面单扫描以读取订单信息，同时机器人可自动完成包裹称重，该包裹的信息将直接显示并上传到控制系统中。

（3）分拣。所有分拣机器人均由后台管理系统控制和调度，并根据算法优化为每个机器人安排最优路径进行包裹投递。

比如，Geek+的S系列分拣机器人在分拣作业过程中可完成互相避让、自动避障等功能，系统根据实时的道路运行状况尽可能地使机器人避开拥堵。当机器人运行至目的地格口时，停止运行并通过机器人上方的辊道将包裹推入格口，包裹顺着滑道落入一楼集包区域。目的地格口按照城市设置。未来随着业务量的增加，可灵活调度调节格口数量，甚至一个城市分布多个格口。

（4）集包装车。集包工人打包完毕后，将包裹放上传送带，完成包裹的自动装车。

小提示

随着大数据算法的日趋完善化、快递邮件信息逐步标准化、智能控制系统集成化，分拣机器人系统已成为物流业由劳动密集型产业向批量智能化转型高度契合的产物。

相关链接

### 5G助力分拣机器人提高效率

5G时代的到来，开启了万物互联的新时代，对于物流行业来说也充满了更多的可能。

2018年，圆通速递与菜鸟联手在圆通杭州转运中心打造了超级机器人分拨中心，使用350台机器人对快递进行分拣，高峰时期一天可以分拣50万件快递。这也是当时行业内平均速度最快、分拨效率最高的小件机器人分拨中心。

由于4G速率有限，行业内通常使用WiFi网络调度机器人，但WiFi网络覆盖范围小，需要频繁切换网络，存在网络不稳定以及网络延时等问题，影响机器人运行效率。

而通过5G网络，智能分拣机器人在整个工作区内，包含在货架下方穿行，均行驶流畅，业务通顺，整个仓库运行稳定，将彻底解决传统WiFi方案引发的智能分拣机器人受工厂设备高频干扰、终端接入受限、网络切换失败、高速调度请求、机器人停驶等难题，提升物流仓库的整体运营效率和稳定性，同时大大降低了人工干预的成本。同时通过连入5G网络的VR全景视频摄像头，将5G物流智能分拣场的监控视频画面实时回传，管理人员可实时查看全景的VR监控画面，大幅度降低了管理成本，提升了信息化水平。

## 六、货到人拣选系统

所谓"货到人"拣选系统，简单来说就是在物流中心的拣选作业过程中，由自动化物流系统将货物搬运至固定站点以供拣选，即，货动，人不动。如图3-40所示。

图3-40　货到人拣选

**1. 货到人拣选系统的优势**

货到人拣选系统通过与输送机控制系统、自动存取系统协同工作，将货物自动输送到拣选人面前，降低拣选作业强度的同时实现高效拣选，其优势主要如图3-41所示。

| 提升拣选效率 | ← 单套货到人拣选站每小时完成 350 个订单行，其效率约为人工拣选的 5～7 倍 |

| 提升拣选准确率 | ← 通过清晰明了的订单提示系统让作业人员更加准确地进行拣选，其拣选差错率可控制在 0.05%，常规人工拣选差错率可达到 0.5% 左右 |

提高存储利用率 ← 货到人拣选系统消除人员拣选通道，货物存储可采用密集型存储方式，使仓库空间利用率得到极大提升

减少员工作业强度 ← 减少拣选人员移动作业的同时，也降低了大量的补货搬运、容器回收等工作

图3-41 货到人拣选系统的优势

**2.货到人拣选系统的组成**

一般"货到人"系统主要由储存系统、输送系统、拣选工作站三大部分组成。

（1）储存系统是基础，其自动化水平决定了整个"货到人"系统的存取能力，随着拆零拣选作业越来越多，货物存储单元也由过去的以托盘为主转向纸箱/料箱。

（2）输送系统负责将货物自动送到拣货员面前，它需要与快速存取能力相匹配。

（3）拣选工作站完成按订单拣货，拣货人员借助电子标签、RF、称重、扫描等一系列技术，提高拣货速度与准确率。

**3.常见的货到人拣选系统**

（1）Mini-load"货到人"解决方案。Mini-load轻型堆垛机系统，与托盘式立体仓库AS/RS结构相似，但存储货物单元为料箱/纸箱，因此也被称为料箱式立体仓库。该系统早在20世纪八九十年代便已推出并在欧洲得到广泛应用，目前技术相对成熟。由于堆垛机的货叉和载货台形式多达数十种，Mini-load系统具有广泛的适应性，是最重要的"货到人"拆零拣选解决方案之一。

目前，国内外多家物流装备企业均可提供Mini-load系统，堆垛机运行速度普遍能达到300米/分钟，部分产品能达到360米/分钟及以上。

在技术创新方面，Robot Mini-load智能快存系统是一个典型代表。2016年"双11"期间，Robot Mini-load系统凭借其高效率、低成本、易于维护等特点受到业内普遍关注。如图3-42所示。

该系统由德马与菜鸟网络联合

图3-42 德马与菜鸟网络联合打造的Robot Mini-load智能快存系统

打造，包括机器人料箱暂存系统、3D自动识别拣选机器人、智能分拣机器人，并配备德马最新一代高模组化输送系统。整个系统在无人操作环境下自行完成整箱入库、缓存、取货出库、拆零拣选、货物分拣、输送出库的整个作业流程。

（2）穿梭车"货到人"解决方案。穿梭车系统以能耗低、效率高、作业灵活等突出优势成为"货到人"拆零拣选的最佳方式，近两年得到快速发展和大范围应用。

穿梭车系统根据作业对象的不同主要分为托盘式穿梭车系统和箱式穿梭车系统，前者主要用于密集存储，后者则用于"货到人"拣选。箱式穿梭车系统包括收货系统、货架及轨道、穿梭车、提升机等组成的储存与搬运系统，拣选与包装工作站和输送系统等发货系统，主要有以下几种形式。

① 多层穿梭车系统。随着多层穿梭车系统技术的不断成熟，拆零拣选作业需求的增加和作业难度的加大，近两年多层穿梭车系统得到了大量的应用，是高速存储拣选解决方案的典型代表。多层穿梭车系统作业效率非常高，拣货效率是传统作业方式的5～8倍，一般可以达到1000次/时以上，同时还可以大量节省人力成本。因此，多层穿梭车非常适用于电商等拆零拣选需求巨大的行业。如图3-43所示。

图3-43 多层穿梭车系统

② 四向穿梭车系统。随着物流中心业务类型的多样化、复杂化，四向穿梭车作为新的自动化存储技术逐渐走进人们的视野。从某种意义上说，四向穿梭车系统是多层穿梭车系统的升级，可以多向行驶，跨巷道高效、灵活地作业，并且可以充分利用空间。同时，还可以按照作业流量来配置小车数量，减少设备能力的浪费，穿梭车与提升机的配合也更加灵活、柔性。近两年，越来越多的四向穿梭车项目得到成功应用。

四向穿梭车系统也正不断被创新，如凯乐士推出的A-Frame拣选型四向穿梭车系统，其原理如同摘果式拣选系统，一台A-Frame穿梭车相当于一个拣货工人，在一个作业循环内可以完成一个订单的多个订单行的拣选,而且运行速度更快,达到5米/秒;同时借助精确定位技术,节省了找货位的时间;拣选动作也更快捷。如图3-44所示。

图3-44 凯乐士四向穿梭车系统

由于四向穿梭车系统的能力可以线性调节,因此其适合的行业范围非常广,如图书馆等流量较低、出货效率要求较高的行业;电商等高流量、高存储量行业;以及制造业线边物流等。

③ 子母穿梭车系统。子母穿梭车系统,由穿梭子车、穿梭母车、行走轨道、巷道货架、垂直提升机、输送系统、自动控制系统、仓储控制系统及仓储管理软件等组成,其原理为穿梭母车在货架主巷道内行驶,完成$X$方向的运动,到达特定支巷道时释放穿梭子车并继续在$X$方向运动,穿梭子车完成$Y$方向的运动,从而节约拣选时间,加快作业速度,使用方便灵活,效率高。子母穿梭车系统为全自动密集式仓储,对仓库空间的要求较低,可以实现非连续楼层、多区域布局的全自动化存储。

> **小提示**
>
> 子母穿梭车"货到人"系统主要用于存储及整箱出货拣选。

(3)类Kiva机器人"货到人"解决方案。从市场热度来看,随着亚马逊Kiva机器人的大规模应用,类Kiva机器人(也称为智能仓储机器人)得到越来越多的关注和追捧。该系统高度自动化,可以大幅度替代人工;同时项目实施速度快,交付周期短;更重要的是灵活性非常强,易于扩展,非常适用于SKU量大、商品数量多、有多品规订单的场景。目前,类Kiva机器人系统在电商、商超零售、医药、快递等多个行业实现了成功应用。如图3-45所示。

图3-45　智能仓储机器人系统在菜鸟网络惠阳仓内大规模应用

正是由于该系统的诸多优点，越来越多的企业进入该行业并对产品进行创新。

比如，自动跟随机器人（行业内无标准叫法），或者订单到人拣选解决方案，即机器人跟随拣货人员完成拣货，并搬运订单商品；此外还有一种形式，即以机器人替代人进行长距离的行走，拣选人员只在局部区域内行走并完成拣货。

（4）AutoStore "货到人"解决方案。AutoStore系统是由Swisslog针对中小件商品存储拣选而推出的"货到人"解决方案，将货物放到标准的料箱里面，通过料箱堆叠的方式进行存储，可以有效利用仓库上部空间，在很小的空间内实现高密度存储。如图3-46所示。

图3-46　Swisslog针对中小件商品拣选推出的AutoStore系统

AutoStore系统还可以将高流动量的商品分配在离拣选站台更近的区域存储，低流动量的商品分配在远离拣选站台区域进行存储，从而实现拣选效率的最优。商品的属性会随着正常拣选作业的触发频率慢慢地分化出来，从而实现动态存储，提高拣选效率。

（5）旋转货架 "货到人"解决方案。旋转货架系统与Mini-load系统一样，均是非常成熟的货到人拣选解决方案，适合存储小件商品。随着对旋转货架系统的技术创新，其效率得到了大幅度提高。

比如，南京苏宁云仓采用胜斐迩的SCS旋转货架货到人系统，可以实现每个拣选工作站每小时500～600个订单行的拣选效率。

此外，旋转货架系统还具备高密度存储功能，可以实现自动存储、自动盘点、自动补货、自动排序缓存等一系列分拣动作。

比如，鲸仓科技也利用回转式货架原理推出了一套兼具密集存储和"货到人"拣选功能的自动货架系统。即驱动货品向拣选面流转，当订单商品到达拣选口时，系统自动识别停止运转的设备，拣货员看到灯光提示即过去拣货。该系统可以实现货品边进边出。值得一提的是，该系统用更加柔性的工作面替代拣选工作台，如此一来可以在订单高峰期为临时增加的工人预留足够多的操作界面。尽管该系统单次拣选效率不高，但是非常适合于大型、SKU数量多的场景，如电商仓库。如图3-47所示。

图3-47　鲸仓科技推出的自动货架系统兼具密集存储和"货到人"拣选功能

### 4.选择货到人拣选系统的策略

一般来说，企业选择"货到人"解决方案的目的主要有两点：一是提高物流作业效率；二是降低物流作业成本。因此，企业在选择适合的解决方案之前，应注意图3-48所示的要点。

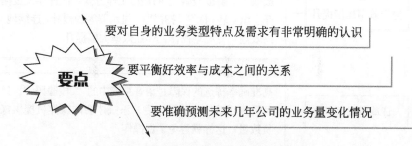

图3-48　选择货到人拣选系统的注意要点

## 七、语音自动化拣选系统

语音拣选系统是仓储系统的一部分，是一款新型的仓储内部管理语音分拣系统（简称VPS），通常与仓储系统配套使用。

### 1.语音拣货系统的工作原理

VPS语音系统移动端通过耳机下达语音拣货任务，拣货人员获取任务，然后拣货人员到达指定地点扫描旧箱号、换新箱号，通过耳麦语音回复拣货内容，直到拣货完成。

### 2.语音拣货系统的特点

VPS语音拣选主要面向作为大型集团仓库的核心拣选系统工作，支持同时对多个仓库业务管理。区别于原始的拣选系统，VPS具有图3-49所示的特点。

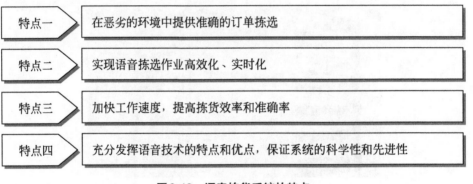

图3-49 语音拣货系统的特点

### 3.语音拣货系统的应用效益

VPS语音拣选系统的应用可为企业带来图3-50所示的效益。

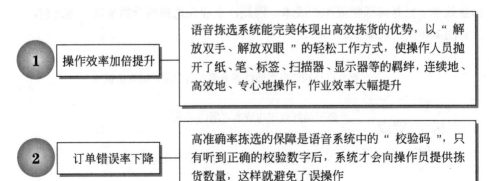

| ③ 培训费用低 | 语音拣选主要训练其准确听、说需要用到的关键词汇，操作员戴上耳机和移动终端就可以开始工作了，培训时间短而且培训费用低 |

| ④ 员工满意度提高 | 语音拣选使员工满意度提高，主要原因在于降低了工作劳动强度，增加了工作的趣味性，降低了工作难度，增加了工作的安全度，使其工作热情得到提高 |

图3-50 语音拣货系统的应用效益

**相关链接**

### 语音拣选＋全程信息化，打造大东鞋业高品质物流管理

大东鞋业拥有一支专业的研发团队，不断攀升的销售业绩与数量庞大的SKU对大东鞋业的仓储物流水平提出了更高的要求。为应对电商促销与实体店铺多种类型的订单需求，大东鞋业积极采用北京普罗格科技股份有限公司（以下简称"普罗格"）解决方案，配合普罗格相应规划设计，引入语音拣选系统以及穿戴式设备，以解决人工拣选鞋类货品效率低、差错多、出货慢等问题，应对各类个性化订单需求。

大东鞋业物流中心的整体布局设计基于"楼层库存储拣选、平面库整理复核"的设计思想，采用整零分离的存拣模式，引入普罗格信息化管理系统，改变现有的多品订单处理模式，应用语音拣选系统及配套穿戴设备，并适当采用输送分拣设备，同时，为应对电商峰值作业制定了相应的处理机制，以提升物流中心的整体作业效率。如右图所示。

优化效果在作业流程中体现较为显著的主要是入库、拣选、分拣及市场退货。作业人员在入库验收前已通过管理系统预知货品信息，并

**大东鞋业物流中心**

依据该信息准备验收所需资源。验收时，将货品按出入库不同规律分为三类，分别搬运至不同区域上架存储，以便于拣选人员根据不同订单分区域作业。

拣选环节则是全面应用了语音拣选系统及配套穿戴设备，拣货员按照佩戴规范调整好拣选设备后，根据打印的分拣标签到订单商品所在区域，使用语音拣选系统及设备快速获取商品信息，在听取下一个商品位置的同时即已到达指定位置，说出校验码听取指令并执行任务即可。

而传统的拣选方式需要先扫描位置，读取屏幕显示的数量，然后腾出双手放置设备才能执行任务，完成后方能读取下一个拣选位置，再走向该位置，不仅费时费力，且操作动作较多，极易产生差错。

与之相比，语音拣选方式操作简便，易于新员工快速上岗，解放了拣货员的双眼，配套的穿戴式设备则解放双手，省去了手动输入和额外步骤，拣货员不用再分心于一单一品/一单多品、并行拣选合流等问题，操作步骤大大简化，准确度也得到有效保证。

已完成的拣选单则经过输送线由复核员与分播员按一单一品任务和一单多品任务分别确定明细，完成打包复核作业后经出库输送线进行最终分拣。有了前一环节语音拣选的准确率保障，分拣出库的作业压力也得到大大缓解，节省大量错单核查时间，提升包裹出库速度。下图所示为出库输送线进行最终分拣。

**出库输送线进行最终分拣**

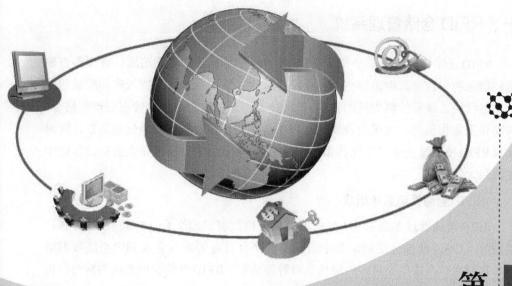

# 第四章 智能仓储的软件系统

**智能仓储管理实战手册**

## 导言

智能仓储体系的一个最大特点就是多功能集成，除了传统的库存管理外，还要实现对流通中货物的检验、识别、计量、保管、加工以及集散等功能，而这些功能得以顺利实现，都依赖于智能仓储软件管理系统。

## 一、RFID仓储管理系统

RFID仓储管理系统是一个基于RFID识别技术为货物识别追踪、管理和查验货物信息的平台，其中追踪主要包括配送需求、货物送货、货物入库和配送超时等功能模块。该系统将先进的RFID识别技术和计算机的数据库管理查询相结合，自动识别货物信息，实现企业物流运作的自动化、信息化、智能化的需求，同时实现RFID技术与企业信息化体系的无缝对接，确保RFID技术在企业物流作业中发挥最大效益。

### 1.RFID仓储管理系统组成

RFID仓储管理系统采用B/S+C/S结构，由数据追溯平台（B/S）和手持客户端程序（C/S）两部分组成，其中数据追溯平台具有管理与企业ERP系统数据对接、客户端数据接口支持和追溯信息查看等功能。RFID仓储管理系统的网络结构如图4-1所示。

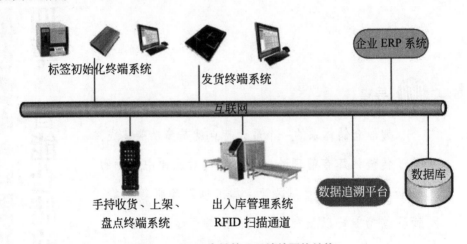

**图4-1　RFID仓储管理系统的网络结构**

客户端程序根据软件使用环境分为图4-2所示的两种。

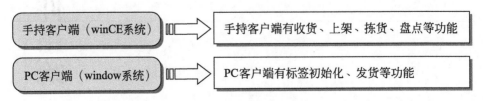

**图4-2　客户端程序分类**

### 2.RFID仓储管理系统构架

RFID仓储管理系统设计采用如下三层构架。

（1）信息采集层。通过发卡贴标，使新购置货物配备RFID标签，标签的唯一ID号或用户编写的编码可对货物进行标识。读写器可自动化采集标签信息，从而实现货物的信息采集功能。

（2）数据传输层。RFID读写器采集到的货物标签信息，可通过相关通信接口传输至后台系统进行分析，其传输的通信接口可根据用户需求进行选择，如可选择RS-485、RS-232、以太网、WIFI或GPRS（通用分组无线服务技术）等。

（3）货物管理层。PC终端或者后台数据中心收到读写器的数据后，对数据进行分析，从而判断货物出库、入库、移库、盘点等流程，同时生成相应的报表明细单，并在系统中做相应的处理。

### 3.RFID仓储管理系统结构

RFID仓储管理系统硬件主要由RFID标签、固定式读写器、手持式读写器、服务器、个人电脑等组成，通过网络实现相互连接和数据交换。

RFID仓储管理系统软件由供应链管理系统、RFID标签发行系统和RFID标签识别采集系统组成，这几个系统互相联系，共同完成物品管理的各个流程。后台数据库管理系统是整个系统的核心，RFID识别采集是实现管理功能的基础和手段。如图4-3所示。

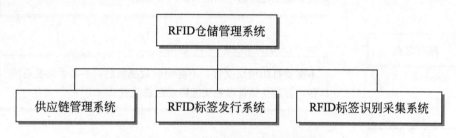

图4-3 RFID仓储管理系统软件结构

（1）供应链管理系统。供应链管理系统由数据库服务器和管理终端组成，是系统的数据中心，负责与读写器的数据通信，将读写器上传的数据转换并插入到供应链仓储管理系统的数据库中，对标签管理信息、发行标签和采集标签信息集中进行储存和处理。

（2）RFID标签发行系统。RFID标签发行系统由发卡机和标签信息管理软件组成，负责完成库位标签、物品标签、包装箱标签的信息写入和标签ID号的更改、授权和加密等。标签信息管理软件嵌入在后台系统中，实现与供应链系统中的一一对应。

（3）RFID标签采集系统。RFID标签采集系统由读写器、手持机和标签等组成，读写器和手持机自动识别物品上的标签信息，并将信息发送给后台系统进行分析和整理，从而判断物品入库、出库、调拨和维修流程等。

#### 4.RFID仓储管理系统的优势

RFID仓储物流管理系统对企业物流货品进行智能化、信息化管理，实现自动发送配送需求信息、实时跟踪货品送货情况、自动记录货品入库信息、系统自动报警和与WMS系统实时对接等功能。具体来说，RFID仓储管理系统具有图4-4所示的优势。

出入库自动化
- 不再需要各种单据交接货品，不再需要补录出入库信息。RFID 智能仓储系统能自动查询货品信息、自动提交出入库信息、全程实时反映现场作业

高效理货
- 不必考虑是否记住库位存货、不必考虑物品移动后查找困难，智能仓储系统可以快速查询各自库位上的货品信息、快速提交货品变化信息、彻底解决理货难题

精准盘点
- 不需要打印纸质文件，不必记载货品信息，不必手动汇总库存，智能仓储管理系统能自动汇总盘点

自动识别
- 库位信息、货品信息是智能仓储管理系统快速抓取仓储管理信息的根底，精准高效

标准化流程
- 包括出入库流程以及库房内部的管理流程，仓储管理无盲区，并能大大提升作业效率

图4-4 RFID仓储管理系统的优势

**5.RFID仓储管理系统的特点**

RFID仓储管理系统全面支持多仓库管理要求,能够通过一套系统快速实现对于客户分布于全国的仓库网络进行集中管理,并有效地为大量不同的仓库提供差异化物流与供应链管理服务。相关仓库间可以实现联动作业,以构建一体化的库存服务体系;集中部署,全局视角,对各类业务可以全局掌握和局部协调,可以实时查看分析、统计报表。具体来说,RFID仓储管理具有图4-5所示的特点。

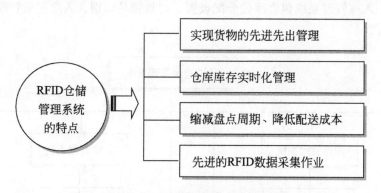

图4-5 RFID仓储管理系统的特点

(1)实现货物的先进先出管理。RFID仓库管理系统利用先进的RFID技术、无线局域网、数据库等先进技术,将整个仓库管理与射频识别技术相结合,能够高效地完成各种业务操作,改进仓库管理,提升效率及价值。对于每一批入库的货物,其入库时间,存放货位等信息均由系统自动记录,当货物出库时,就可在此基础上实现货物的先进先出管理。

(2)仓库库存实时化管理。原始仓库的库存管理依靠的是手工报表、人工统计的方式来实现,导致各个部门间无法及时确切了解库存信息。此外,随着业务的发展,日进出货物数量、品种逐步扩大,客户需求也日趋复杂,能否实现仓库库存的实时化管理已经成了影响建立快速、高效的运营体系的重要因素。RFID仓库管理系统可以实时、准确地掌握仓库的库存情况,为各级领导和相关部门优化库存、生产经营决策提供了科学的依据。

(3)缩减盘点周期、降低配送成本。传统的仓库盘点是件费时费力的事情,RFID仓库管理系统,可以缩减仓库盘点周期、提高数据实时性、实时动态掌握库存情况、实现对库存物品的可视化管理,提高拣选与分发过程的效率与准确率,并加快配送的速度,解放工人劳动力。

(4)先进的RFID数据采集作业。系统采用先进的RFID数据采集作业方式,可实现在仓库管理系统中各个关键作业环节:入库、出库、盘点、定位中数据的快速准确地采集,确保企业及时准确地掌握库存的真实数据,为企业决策提供有效依据。

**6.RFID仓储管理系统的功能模块**

RFID仓储物流管理系统由发卡贴标、入库管理、出库管理、调拨移位、库存盘点和附加功能组成。出库管理系统包含出库货物申领、出库货物识别、出库记录下传。入库管理系统包含库位分配设置、卸货物品识别、入库记录管理。如图4-6所示。

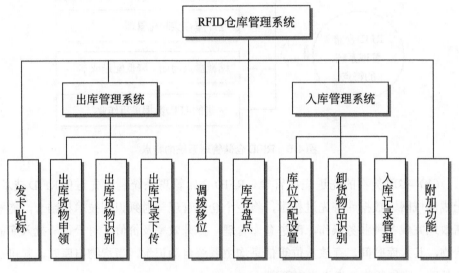

图4-6 RFID仓库管理系统功能模块

(1)发卡贴标。对新购置的货物进行贴标的操作,使其配备电子标签。标签的唯一ID号或用户写入数据可作为货物的标识码,其数据用于记录货物名称、购入时间、所属仓库、货物属性等信息。当安装在各个通道的读写器识别到标签时便可自动获取货物的所有信息。

(2)入库管理。首先,对需要入库货物在系统上先安排库位,如货物属于哪类,需要放置在哪个仓库、哪个货架;其次,将所有已贴有标签的物品放到待入库区,从出入通道运入仓库内;当经过通道时,RFID读写器会自动识别标签信息,若读写器识别的标签信息及数量正确则入库,若读写器识别的标签信息错误或数量少时,系统则进行提示;在入库时操作人员根据标签信息和系统提示可准确将货物存放到相应的仓库区域,同时系统将自动更新物品信息(日期、材料、类别、数量等),并形成入库单明细。如图4-7所示为货物入库示意。

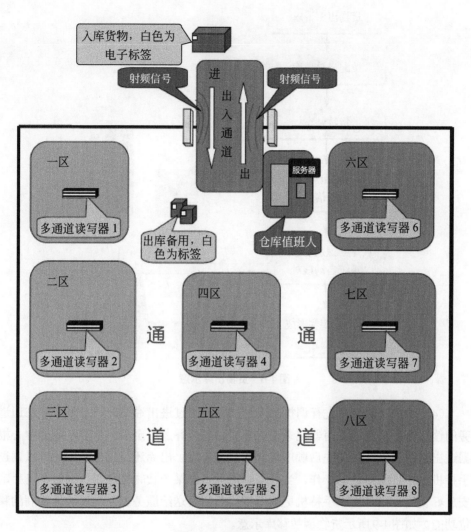

图 4-7　货物入库示意

（3）出库管理。货物出库，需在电脑上填写需要出库物品申请单；仓库管理人员接到出库单后通过手持机或者查询服务器找出相应物品，并将货物放置待出库区域；将贴有电子标签的待出库货物通过进出通道被读写器识别后再进行装车；出通道读写器将识别到的电子标签信息与出库申请单核对，确认装车货物是否符合一致，若不一致时则重复识别或补充缺货；系统自动更新物品信息（日期、材料、类别、数量等），并形成出库单明细。如图 4-8 所示货物出库示意。

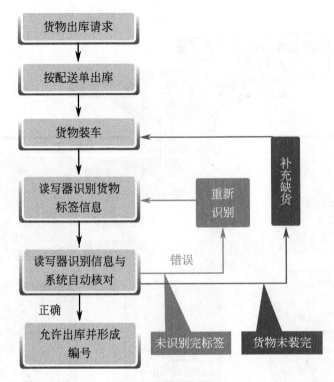

图4-8 货物出库示意

（4）调拨移位。要进行调拨移库的货物，通过进出通道时，会被安装在通道旁的读写器所识别，读写器记录当前标签信息，并发送至后台中心，后台中心根据进出通道识别标签的先后顺序等判断其为入库、出库还是调拨等。还可以通过手持机进行货物移位的操作，当仓库管理员发现某个货物被放错位置时，可手动安放好货物，同时通过手持机更改标签信息并发送给服务器，实现快捷便利的移位功能。如图4-9所示货物调拨移库示意。

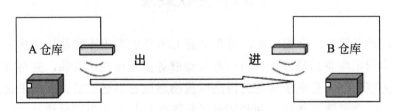

图4-9 货物调拨移库示意

（5）库存盘点

① 账账核对。通过手持机获取货位RFID标签中的信息，将该信息与仓库管理系统中的信息进行核对，管理人员只需要拿着手持机在货位间走一遍即可完成

盘点。

② 账实核对。通过核对具体货物的标签信息与仓库管理系统中储存的信息进行盘点，具体操作如下。

主机形成盘点作业指令，操作员根据指令持激活状态的手持机进入待盘点区域，以每个货位为单位进行盘点。用手持机逐个扫描该货位上所有货物包装上的电子标签，扫描完该货架上所有货物后，进行确认，得到标签盘点信息，通过无线局域网将包含该信息的操作日志传回主机，主机将得到的该盘点信息与货架标签中信息、原始库存信息进行比照，对产生的差额信息作进一步处理。如图4-10所示。

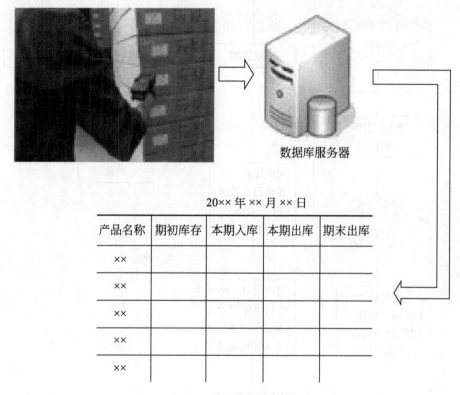

图4-10 库存盘点账实核对示意

（6）附加功能

① 库存量预警。当库房的存量少于正常存量时，系统将提示补充存量，避免库存不足的现象。

② 防盗报警。当货物被异常挪动或未经允许带出时，读写器识别的同时即向系统报警，避免货物遗失或被盗。

**7.RFID仓储管理系统工作流程**

(1) 货物贴标登记。货物贴标登记流程如图4-11所示。

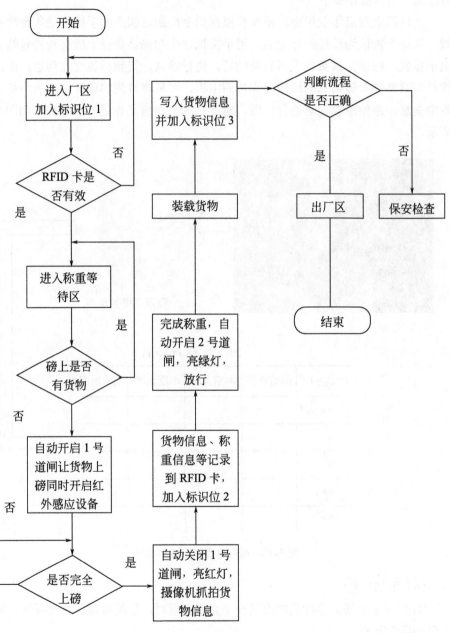

图4-11 货物贴标登记流程

（2）货物入库。货物入库流程如图4-12所示。

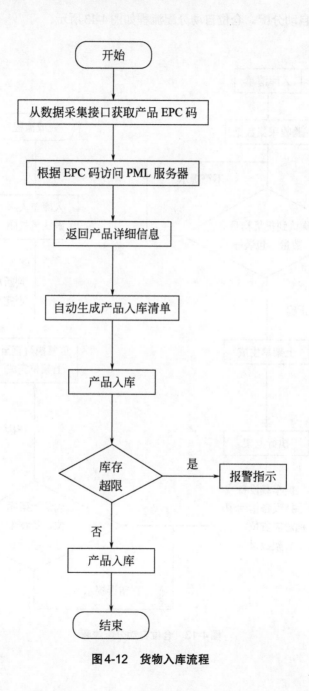

图4-12 货物入库流程

（3）仓位自动分配。仓位自动分配流程如图4-13所示。

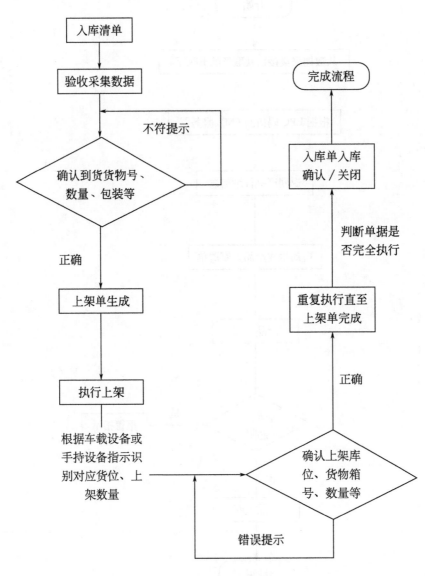

图4-13 仓位自动分配流程

（4）货物盘点。货物盘点流程如图4-14所示。

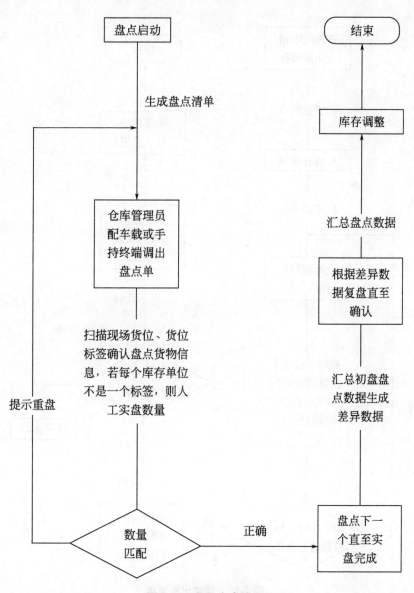

图4-14 货物盘点流程

（5）货物出库。货物出库流程如图4-15所示。

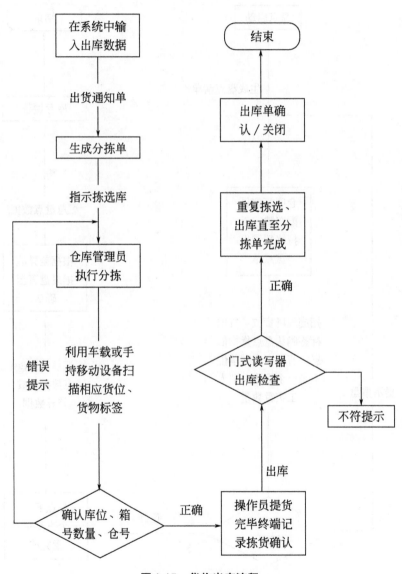

图4-15　货物出库流程

（6）仓库环境监控。仓库环境监控流程如图4-16所示。

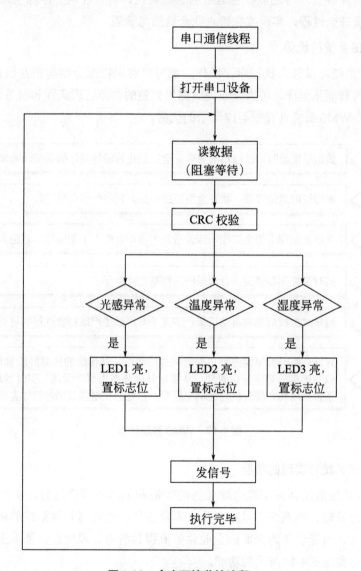

图4-16 仓库环境监控流程

## 二、WMS智能仓储管理系统

WMS是仓库管理系统的缩写,是通过入库业务、出库业务、仓库调拨、库存调拨和虚仓管理等功能,对批次管理、物料对应、库存盘点、质检管理、虚仓管理和即时库存管理等功能综合运用的管理系统,有效控制并跟踪仓库业务的物流和成本管理全过程,实现或完善企业仓储信息管理。

### 1.WMS系统的优势

WMS系统可以独立执行库存操作,也可以实现物流仓储与企业运营、生产、采购、销售智能化集成,可为企业提供更为完整的物流管理流程和财务管理信息。具体来说,WMS系统具有图4-17所示的优势。

| | |
|---|---|
| 优势一 | 数据采集及时、过程精准管理、全自动化智能导向,提高工作效率 |
| 优势二 | 库位精确定位管理、状态全面监控,充分利用有限仓库空间 |
| 优势三 | 货品上架和下架全智能,按先进先出自动分配上下架库位,避免人为错误 |
| 优势四 | 实时掌控库存情况,合理保持和控制企业库存 |
| 优势五 | 通过对批次信息的自动采集,实现了对产品生产或销售过程的可追溯性 |
| 优势六 | WMS条码管理促进公司管理模式的转变,从传统的依靠经验管理转变为依靠精确的数字分析管理,从事后管理转变为事中管理、实时管理,加速了资金周转,提升供应链响应速度,这些必将增强公司的整体竞争能力 |

**图4-17 WMS系统优势**

### 2.WMS系统可实现的功能

WMS系统能控制并跟踪仓库业务的物流和成本管理全过程,实现完善的企业仓储信息管理。该系统可以独立执行库存操作,也可与其他系统的单据和凭证等结合使用,可提供更为全面的企业业务流程和财务管理信息。基本上,此仓储管理系统可实现图4-18所示的功能。

当然,不同的软件公司开发出来的WMS系统,其功能也会有差异。下面列举几家国内在WMS仓储管理系统方面比较出色的公司,以供参考。

(1)博科(Boke)WMS仓储管理系统功能模块如图4-19所示。

| 功能一 | 系统可满足为 2C 业务服务的国内电商仓、海外仓、跨境进口 BBC 保税仓与为 2B 业务服务的各类仓库业务管理需要 |

| 功能二 | 系统可支持多仓协同管理，并针对单仓进行个性化流程配置，根据 2B、2C 业务需要，实现简单管理和精细化管理 |

| 功能三 | 系统可提供收货、入库、拣货、出库、库存盘点、移位等各种仓库操作功能 |

| 功能四 | 系统可提供多样化策略规则，实现智能分仓、智能上架、智能拣货 |

| 功能五 | 系统可支持自动识别技术（如一维、二维条码），与自动分拣线、自动拣货小车等物流辅助设备集成，提高仓库作业自动化水平 |

| 功能六 | 系统指引仓库人员作业，作业效率更高，同时减少了人为差错 |

| 功能七 | 仓储管理模式以系统为导向，可确保库存的准确率，操作效率高。合理控制库存，提高资产利用率，降低现有操作规程和执行的难度 |

| 功能八 | 易于制订合理的维护计划，数据及时，成本降低，为管理者提供正确的决策依据 |

图 4-18　WMS 系统可实现的功能

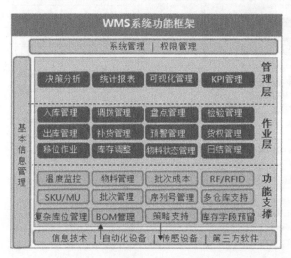

图 4-19　博科（Boke）WMS 仓储管理系统功能模块

（2）管易云WMS仓储管理系统功能模块如图4-20所示。

图4-20　管易云WMS仓储管理系统功能模块

（3）GoldLogic WMS仓储管理系统功能模块如图4-21所示。

图4-21　GoldLogic WMS仓储管理系统功能模块

（4）吉联（Gillion）G-WMS仓储管理系统功能模块如图4-22所示。

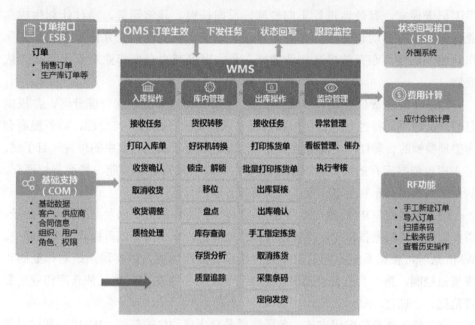

图4-22　G-WMS仓储管理系统功能模块

### 3.企业运用WMS系统管理的意义

虽然传统中小企业的仓库管理不用建立大型全自动立体智能仓库，但是为了做好企业的后备支撑，仍然需要在管理中进行更多的标准和规范，而要达到这些目的，WMS系统是必不可少的。具体来说，企业运用WMS系统进行管理具有图4-23所示的意义。

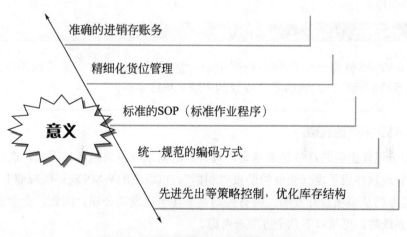

图4-23　企业运用WMS系统管理的意义

（1）准确的进销存账务。通过WMS系统下单—作业—记账，改变传统仓库手工记账模式，有效地进行正向校验、反向核对、异常预警。通过计划生成作业任务、任务驱动仓库实际作业的模式，既在作业过程中充分保障账务和实际作业的准确性，亦有效提高作业效率，最大限度减少仓库作业对人工经验的依赖性。

（2）精细化货位管理。WMS系统按照仓库实际情况进行合理分区，并根据存储产品的不同特性，进行更加精细化、规范化的货位划分与管理，显著提高仓库整理整顿的合理性，实现整散区分等功能，库存货品在仓库中的位置一目了然，出入库也依据库存的实际情况及系统丰富的规则策略进行智能、精准货位匹配，从而达到提高仓库利用率、资产效益有效管理等目标。

（3）标准的SOP（标准作业程序）。仓库根据不同的类型以及不同的业务场景，需要制定不同的操作SOP，以规范仓库作业流程，减少因不规范操作带来的损失。WMS系统可根据系统不同的SOP配置相应的系统流程，以实现系统对作业的正确规范控制、指引、监督及预警，系统管理结合业务的实际情况使仓库作业更加规范化、合理化。

（4）统一规范的编码方式。条码管理是仓库自动化的基础，WMS可通过对货品、货位、批次等进行标准的条码管理，为后续的PDA（掌上电脑）、RFID及其他设施设备的接入做好信息准备，进一步推进仓库实现自动化、无纸化、信息化等目标。

（5）先进先出等策略控制，优化库存结构。WMS系统丰富的规则策略能够智能匹配最合适的库存进行分配拣货出库，并进而达到仓库的库存结构优化等目的，从而协助仓库有效地进行库存结构的优化，实现仓库的最大坪效，为企业降本增效添砖加瓦。

> **小提示**
>
> WMS就像一个综合的指挥中心，协调驱动着整个仓库及相关的其他系统的运行，是仓库不可或缺的大脑＋神经中枢。

**4.WMS系统的选购**

由于现代企业的竞争越来越大，对管理的需求也越来越高。因此，选择一款WMS管理软件成了现代企业的助攻"利器"。市场上的WMS软件供应商非常多，有些是专门从事项目开发的，而有些则是专注于研发的公司。因此，企业在选购WMS系统时，可从以下几个方面来考虑。

(1)供应商选择。任何系统都是在不断吸取各种各样客户经验的基础上,加上开发人员的辛勤努力以及测试人员严格把关之后不断发展出来的,因此,企业在选择仓库管理软件系统时,要细心调查软件商的客户经验所来自的行业。

**小提示**

每个供应商都会有其专注的行业,最好是选择专注在仓储物流行业里一直研发的企业。

(2)需求梳理。这里,将需求分为两类:一类是企业目前在仓库管理中遇到的问题;另一类是企业存在的一些潜在性问题。

第一,梳理企业现有管理问题。这类问题主要是出现在具体业务管理当中,比如,收货、拣货和运输常常出错;放错储位或货物丢失,以致需要很长时间查找货物;记录方式比较落后,依然需要手工进行;存在批次跟踪和货架使用率问题;仓库空间利用率低等问题。

上述问题都是在仓库管理过程中常见的现象,都是非常影响仓储作业效率的,梳理的时候一定要把类似的问题都想好。

第二,梳理企业潜在问题。这类问题通常被发现于流程的优化过程中,一般通过WMS的系统统计不断的清晰明朗化,通过问题的不断发展与解决,如此迭代进行。对于潜在问题的梳理应当遵循立足于自身的问题、分阶段实施的原则。

(3)降低实施成本。国内WMS仓库管理软件服务商众多,每家服务商都各有自身的特色,同时每家服务商的定位不一样,对行业的理解不一样,软件优势所体现的行业也不一样。因此,企业在选择软件服务商时,应该按照自身企业的实际仓库情况和费用预算进行对比。

另外,在系统正式实施之前,需要企业认识并做到图4-24所示的两点。

工作一:管理理念有逻辑地细化,要和产品的详细设计相契合,调和技术实现上的差异,这是信息化执行实施的直接前提保障

工作二:在实施过程中,要不断调整员工观念,积极地与供应商不断交流,以实现有效的系统设计

**图4-24 正式实施WMS系统之前应做好的工作**

## ERP和WMS的区别

在仓储管理中，ERP和WMS都常被用到。但是，有一个普遍的现象就是，许多人并不清楚这二者的区别。这意味着，在选择的时候可能会面临两难的困境。同样作为仓储管理模块，WMS仓库管理系统和ERP系统是不一样的。

要了解WMS与ERP仓储管理的区别，我们首先要了解的是WMS和ERP究竟是什么。

WMS是指仓库管理系统，侧重于仓库内部的管理。该系统可以独立执行库存操作，也可与其他系统的单据和凭证等结合使用，可提供更为完整全面的企业业务流程和财务管理信息。通过WMS仓库管理系统，可以有效处理现代物流以往信息，在很大程度上为管理层决策提供了有效支持。数据仓库技术在现代WMS仓库管理系统中的应用，为其功能层级提升提供了有力的保障。

ERP仓储管理模块是ERP功能中针对仓库管理的一个模块，一般和财务系统连接使用，用于核算企业的物料成本及库存情况，其主要作用集中在采购信息的辅助以及事后成本的归集计算中。二者面向的管理对象相同，但功能上却有很多不同的地方。

了解了WMS和ERP的含义，我们就可以从以下六大方面来深入了解两者的区别。

1. 管理模式不同

WMS强调的是过程管理，面向的是过程的控制；而ERP仓储管理强调的是结果管理，面向的是财务的核算。

2. 精细程度不同

WMS利用条码技术对每个库区库位进行条码标识，上下架都需要进行扫描确认，保障每笔出入库业务的准确性，因而能实现精细的库存管理。同时，也可包容批次和唯一性管理，针对部分贵重物品或关键物料进行唯一性编码，增加物料管理的准确性；而ERP仓储管理系统虽然也将仓储划分库区库位，但因为没有过程的校验功能，很容易出现错放乱放的情况，导致库存管理非常凌乱，而且无法进行唯一化区别确认。

3. 管理效率不同

WMS能够通过扫描出入库及盘点，提高工作效率和准确性。检测设备的集成不但减少了仓储人员的工作量，增加了物料质量追溯的完整性，更方便对供应商进行精细化考核；ERP仓储管理系统虽然可以集成条码管理功能，但功能上存在缺陷，不能对其他企业的条码进行解析应用，没有和条码硬件及检测硬件的集成，导致最终不能实际应用。对于出入库、盘点、检验等业务仍需要手工输入，效率比较低下。

4.管理能力不同

WMS适用于品种批次多、出入库频度高、对保质期和追溯性有很高要求的仓库；ERP仓库管理系统适用于品种批次少、出入库频率低、对保质期和追溯性要求较低的企业。

5.硬件集成应用不同

WMS拥有条码、输送、叉车终端、检测等设备的集成，能够实现仓库作业管理的自动化应用；ERP仓储管理系统基本没有硬件的集成应用。

6.拓展性不同

WMS灵活性很高，属于在基础软件框架上的二次开发，更贴近客户的需求；ERP仓储管理系统属于成型的软件模块，基本不支持客户化开发，不能完全贴近自己的需求。

为了增强仓储管理，可以结合条码识别技术，将计算机技术和通信技术结合在一起，采用条形码对货品进行标识，经过后台应用软件及前端移动系统的无缝结合，实现管理功能。可以说，ERP和WMS都给仓储企业带来了不小的便利。但是，综合来看，与ERP仓储管理系统相比，WMS仓储管理系统给企业带来了更多的管理改变。因此，更多企业出于管理更加完善的需求选择WMS。

## 三、WCS仓储控制系统

WCS系统，即仓储控制系统，是位于仓储管理系统（WMS）与物流设备之间的中间层，负责协调、调度底层的各种物流设备，使底层物流设备可以执行仓储系统的业务流程，并且这个过程完全是按照程序预先设定的流程执行，是保证整个物流仓储系统正常运转的核心系统。

1.WCS系统的地位

WCS系统应用在仓库管理中，用于协调各种物流设备（如输送机、堆垛机、穿梭车以及机器人、自动导引小车）之间的运行，采用C/S（客户/服务器模式）架构，主要通过任务引擎和消息引擎，优化分解任务、分析执行路径，为上层系统的调度指令提供执行保障和优化，实现对各种设备系统接口的集成、统一调度和监控。如图4-25所示。

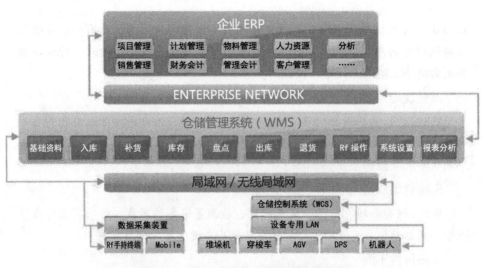

图 4-25　WCS在智能仓储系统中的位置

## 2.WCS系统的功能

WCS系统与上位系统对接，实现设备智能调度与控制管理，主要功能包括任务管理、设备调度、设备监控、物流监控、故障提示、运行记录等。如图4-26所示。

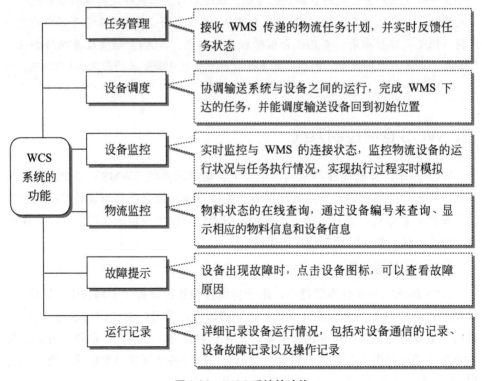

图 4-26　WCS系统的功能

### 3.WCS系统的工作原理

WCS的作用主要是通过与物流设备建立某种通信协议，协调、调度自动仓储系统中的各种物流设备。要达成这一目标，必然要和这些设备建立某种通信机制。如图4-27所示WCS系统分层控制图。

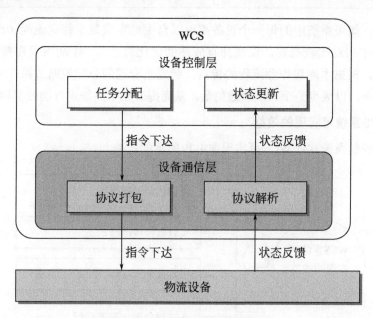

图4-27　WCS系统分层控制图

建立这种通信机制，首先就要解决WCS与底层物流设备的通信问题。这种通信问题要靠与每种设备间建立一种通信协议，就是通常所说的接口协议。通信协议是一种逻辑结构，主要包括如图4-28所示的关键点。

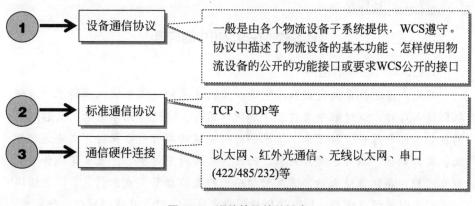

图4-28　通信协议的关键点

> **小提示**
>
> WCS通常并不直接控制物流设备的动作,而只是协调多种设备的工作。因为每一个设备都有自身的控制系统,在自动化系统中最常见的就是PLC(可编程逻辑控制器),WCS只需要和PLC中的控制程序通信即可。

其次,如果系统中的每一个设备都可以自主地完成某个特定流程(设备自主的控制程序相对比较稳定,以及拥有成熟的优化算法),则WCS只需接受WMS任务发送,根据本库房作业流程的特点,制定出合理的分配策略或执行策略来发送协调指令,以减少整个系统的通信量,从而提升整个系统运行的效率和可靠性。

**4.WCS系统可实现的效益**

仓储控制系统软件WCS可实现图4-29所示的效益。

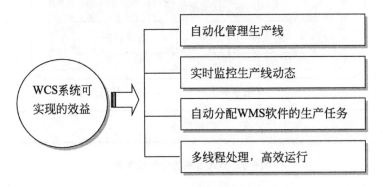

图4-29 WCS系统可实现的效益

**相关链接**

**WCS软件在堆垛机中的应用**

1.在入库作业中的运用

首先,输送机系统发出入库申请,系统接收输送机系统入库请求,堆垛机到达入库口,这过程中又包含了加速、运行、减速停止等运动,最后起升的载货台回归原位。接下来,堆垛机进行关键的取货命令执行,需要通过伸叉、叉体到位、微升、微升到位、回叉、回叉对中等操作,直至完成整个的取货过程,在取货结束后,需及时向输送机发出取货完成的信息,以便输送机及时回归原位。随后,堆垛机运行到指定位置,对于具体的货位进行检查,确认是否有货，如果有货，就报故障。最后进行放货工作，这一过程通过伸叉、叉体到位、微降、微降到位、回叉、回叉对中等过程完成放货任务，完成放货后，堆垛机自行回归原位，保持待机状态。这就是一个完整的入库作业，通过WCS软件对于堆垛机进行相关作业的控制，确保对于整个入库过程的有效控制。

2.在出库过程中的应用

WMS向WCS发送出库指令，按照其指令中的出库数量和位置，WCS向监控系统发出出库申请，这时监控系统再向堆垛机发送指令，堆垛机按照指令进行加速、运行、减速和停止等运动到达指定的取货位置。这时，堆垛机对于指令位置的货物进行检查，如果发现没有指定的货物，则立即报故障问题，随后，进行取货作业，取货完成后，堆垛机需要运行到出库位置，在出库口较多的情况下，需要按照各个出库口的货物运输量大小进行命令，指定堆垛机将货物运往指定的出库口。到达出库口时，堆垛机向输送机系统发出卸货申请，输送机及时回复是否能够进行卸货作业，在条件允许的情况下进行卸货，堆垛机将货物放置在指定的卸货位置，完成卸货后，堆垛机恢复原位进行待机。

在这整套的入库和出库作业中，堆垛机执行的是WCS软件发布的指令，WCS和监控系统共同执行对于整个堆垛机命令执行的监控，如果发现这一过程中出现故障和误差，及时根据系统分析给出解决方案，以确保过程的顺利。

# 第五章 智能仓储的配套管理

**导言**

要构建现代智能仓储体系，除了需要加强先进硬件和软件方面的投入外，更要创设与智能仓储体系运行方式相适宜的工作机制。只有建立合适的工作机制，才能使智能仓储体系的功能得到最大限度的发挥，进而才谈得上产生效益。

智能仓储管理实战手册

## 一、物料入库管理

物料入库是生产管理的重要组成部分，也是仓库管理的一个重要环节。做好物料入库控制工作，对于降低生产成本有重要作用。

### 1.物料入库准备

接到相关部门发送的收货通知后，仓库应立即做好接货的准备工作。比如，了解库存物料的情况，掌握物料的品种、类别、数量及到库时间，然后据此精确安排入库的各项准备工作。

（1）了解所接物料。仓库在接到收货通知并确认其有效无误后，须在物料到达之前主动与采购部门或供货商联系，了解物料入库应具备的凭证及相关技术资料。

比如，物料的性质、特点、保存方法和有关注意事项等，尤其是新物料或不熟悉的物料入库时要特别注意。

（2）规划存放位置。仓库在物料送达之前，应预先根据物料的性质、数量等信息，为物料安排好恰当的存放位置。

> **小提示**
>
> 划分物料存放位置时通常可以按照物料的种类和性质、危险性质、归属单位性质、运输方式性质、存储作业特点等进行分类，仓库应根据实际情况进行选择。

（3）准备装卸搬运工具。仓库需要根据仓库及存放物料的具体情况，选择恰当的工具对物料进行装卸及搬运，从而达到缩短装卸搬运时间、提高仓库作业效率、降低企业成本的目的。

（4）准备验收工具。为保证入库作业的顺利进行，仓库应根据入库物料验收内容和方法，以及物料的包装体积、重量，准备齐全各种点验物料的数量、质量、堆码所需的点数、称量器具、卡量工具和检测仪器、仪表、测试机具等所有用具，并做到事先检查，保证其准确、有效。

（5）安排接货人员。在收到接货通知单时，仓库应根据物料进出库的数量和时间，做好收货、搬运、堆码等人员的工作安排。采用机械操作接货时需要定人、定机，仓库应事先安排好作业顺序。

### 2.物料入库操作流程

为了对入库作业进行有效的控制，仓库应制定一套完整、规范的物料入库流程，具体如图5-1所示。

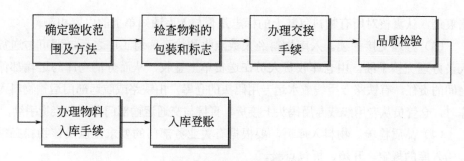

图 5-1　物料入库操作流程

（1）确定验收范围及方法。确定验收范围及方法是物料入库的第一道工序。由仓库收货人员与运输人员或运输部门进行物料交接。物料从车站、码头、生产厂家或其他仓库移转、运到仓库时，收货人员要到现场监督装卸过程。

> **小提示**
>
> 对于品种多、数量大、规格复杂的入库物料，卸载时要分品种、分规格、分货号堆放，以便清点验收。仓库收货人员要依据正式的物料入库凭证，先将大件（整件）数量点收清楚。

大数验收，一般采用逐件点数计总以及集中堆码点数计总两种方法，具体如图 5-2 所示。

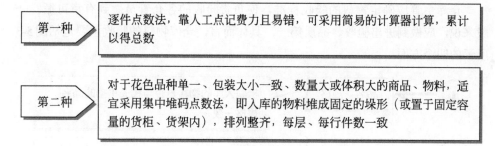

图 5-2　大数验收方法

一批物料入库完毕，货位每层（横列）的件数与堆高（纵列）的件数相乘，即得总数。须注意的是，码成的货垛，其顶层的件数往往是零头，与以下各层件数不一样，如果简单划一统计，就会产生差错。

（2）检查物料的包装和标志。在对物料进行大数验收的同时，还需要对每种物料的包装和标志进行仔细的检查。仓库收货人员应注意识别物料的包装是否完整、牢固，有无破损、受潮、水渍、油污等异状，要检查液体物料的包装有无渗漏痕迹，认真核对所有物料包装上的标志是否与入库通知单上的内容相符。

（3）办理交接手续。入库物料经大数点收和检查两道工序之后，即可与送货人员办理交接手续，由仓库收货人员在送货单上签收，从而分清仓库与运输部门之间的责任。有铁路专用线或水运专用码头的仓库，由铁路或航运部门运输物料入库时，仓管员从专用线或专用码头上接货，直接与交通运输部门办理交接货手续。

（4）品质检验。物料入库后，要根据有关业务部门的要求，以及该物料必须抽验入库的规定，开箱、拆包点验。

（5）办理物料入库手续。物料验收后，由仓管员或验收人员将验收结果记录在商品、物料入库凭证上，以便记账、查货和发货。经过复核，仓库除留下仓管员存查及仓库物料账记录所需要的入库联单外，其余入库凭证各联退送业务部门，以作为正式收货的凭证。

（6）入库登账。物料入库后，要及时登记入账。仓库主管应督促、指导仓管员及时登账，并做好各种报表，仓库主管要及时审核签字。

## 二、物料验收管理

物料的验收是保证入库物料数量和质量的关键。仓库主管需要组织仓管员做好具体的验收工作，并对验收结果进行审核批准。

### 1.确定物料验收标准

仓库主管应确定物料的验收标准，使负责验收的各仓管员做到有章可循。一般来说，应做到进出验收、品质第一。具体而言，仓库物料的验收主要包括图5-3所示的四个方面。

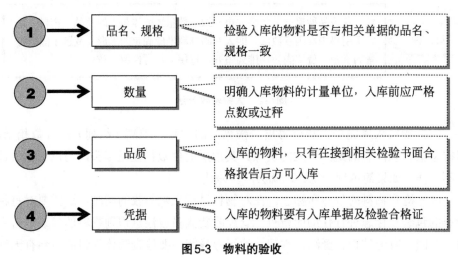

图5-3　物料的验收

**2. 组织员工做好验收准备**

为了保证验收工作及时、准确地完成，提高验收效率，减少劳动力的消耗，仓库验收工作必须有计划、有准备地进行。仓库主管应组织仓管员做好各项验收准备工作，具体如图5-4所示。

工作一　准备相应的检验工具，如磅秤、量尺、卡尺及仪表。所有检验工具必须预先检查，保证其准确、有效

工作二　收集和熟悉验收凭证及有关资料

工作三　进口商品、物料或存货单位要求进行质量检验者，应通知有关检验部门会同验收

图5-4　验收准备工作

**3. 单证核对**

（1）必须核对的单证。物料入库时必须核对的单证有图5-5所示的三种。

单证一　存货单位提供的入库通知单、订货合同等。入库通知单是仓库据以接收商品、物料的主要凭证；订货合同是供需双方为执行物料供应协作任务，并承担经济责任而签订的协议书，具有法律效力。因此，仓库人员应严格按合同规定接收货物

单证二　供货单位提供的质量证明书或合格证、装箱单、磅码单、发货明细表等

单证三　运输单位提供的运单。若入库前在运输途中发生残损情况，则必须有详细记录

图5-5　必须核对的单证

（2）核对单证的要求。核对单证就是将上述单证加以整理并核对。供货单位提供的质量证明书、合格证、发货明细表等均应与合同内容相符。

（3）单证核对的方法。单证核对的方法主要有两种，具体如图5-6所示。

> 单与单核对
>
> 核对单证时，首先要按照物料运送的过程，对相应单证进行分类整理，然后根据单证之间的相关性，核对各种单证的真实性和准确性

> 物证核对
>
> 仓库主管要对证件与物料进行核对，根据证件上所列的送货单位、收货单位、物料名称、规格数量等具体内容，与物料各项标志进行核对，以免日后引起纠纷

图5-6 单证核对的方法

## 三、物料储存管理

物品检验入库后，仓库就要着手组织相关人员进行储存保管工作。各种在库品包括成品、半成品、其他物品等，都需要做好储存保管。

### 1.保管、储存控制的要求

各种原材料、在制品、成品均应储存在适宜的场地和库房，储存场所的条件应与产品保管要求相适应。保管、储存控制应确保图5-7所示的要求。

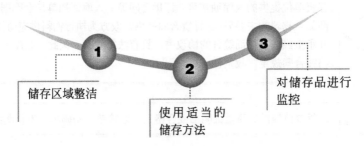

图5-7 保管、储存控制的要求

（1）储存区域整洁。对温度、湿度和其他条件敏感的物品，应有明显的识别标记，并单独存放。

（2）使用适当的储存方法。储存中可能会变质和腐蚀的物品，应按一定的防腐蚀和防变质的方法进行清洗、防护、特殊包装和存放。

（3）对储存品进行监控。对储存品的监控主要有四个要点，具体如图5-8所示。

| 要点一 | 如定期检验、对在库产品实行先入先出的原则、定期熏蒸消毒等，做好库存品的检验记录 |

| 要点二 | 物品入库应验收合格，并注明接收日期、作出适当标记；对有储存期要求的物品，应制定储存品周转制度；物品堆放要有利于存取，并防止误用 |

| 要点三 | 定期检查库存品状况，禁止非仓库人员进入仓库。物品出库手续应齐全，应加强仓库管理 |

| 要点四 | 储存物品应有一套清楚、完整的账物卡管理制度 |

图5-8 对储存品的监控要点

**2. 库存品的存放要领**

（1）整理仓库。仓库主管应要求各仓管员整理好仓库通道，并进行合理设计，留有适宜的包装或拆包场地。整理仓库时应注意图5-9所示的四个要点。

| 要点一 | 根据物品的性质、形状、数量等，确定适宜的存放地。货架隔板应能上下调节，货架正反两面都应能存放物品 |

| 要点二 | 通道宽度应便于搬运机械的搬运和通行 |

| 要点三 | 为便于搬运机械发挥作用，物品存放应尽量实体化 |

| 要点四 | 包装或开包地点应尽量选择中间位置 |

图5-9 整理仓库注意要点

（2）各种物品的存放要领。各种库存品应根据不同性质进行存放，具体存放要领如表5-1所示。

表5-1 各种库存品的存放要领

| 库存品类别 | 存放要求 | 操作要领 |
| --- | --- | --- |
| 物料 | 做好防湿、防尘、防霉、防蛀工作 | （1）防湿品应存放于湿度控制室，或者利用防湿包装及加干燥剂<br>（2）易碎和易坏品应格外小心存放<br>（3）冷冻品应存放于冷冻室，冷藏品应存放于冷藏室，需冰温品应存放于冰温室<br>（4）做好防尘工作，注意防止变质、变色或腐烂<br>（5）危险品应单独存放 |
| 成品 | 物品的存放保管应利于出库，便于提高出库效率 | （1）存放品应便于计数和检查，最好横放，避免计数时翻查<br>（2）同种类成品应集中存放于同一场所<br>（3）厚重品置于下方，轻薄品置于上方。出库频率高的产品应存放于出入口附近<br>（4）存放时，应方便搬运机械操作 |
| 其他物品 | 根据各自属性，选择不同器具进行存放 | （1）电器件等小物品应放于抽屉式货箱<br>（2）多类少量物品应尽量组合存放<br>（3）电池类物品可采用托架式存放，并配以挡板，以增强其稳定性<br>（4）铁锹等物品可采用吊挂式存放<br>（5）床椅、机床等应采取平堆式存放 |

（3）物品的防误发和防破损。为避免保管品的误发和破损，需注意图5-10所示的四个事项。

事项一　对不同保管品分别注明品名、现货样品和类似品样品。对不稳定的物品，应注明单位重量或单位体积

事项二　在危险品和易损品的外包装上，应分别标示"危险品""易损品""注意存放""切勿倒置"等字样

事项三　暂存品、不良品等应单独存放，并以醒目标志标示

事项四　存放地与通道之间应画白线界定

图5-10 物品防误发和防破损注意事项

（4）物品的堆放。物品的堆放正确与否直接关系到物品保管的质量。仓库主管须对仓管员的堆放作业和堆放效果进行指导与检查，确保物品的堆放科学、合理。具体来说，物品堆放时要求如图5-11所示。

| 要求一 | 多利用货仓空间，尽量采取立体堆放方式，提高货仓使用率 |
| 要求二 | 利用机械装卸，如使用加高机等以增加物品堆放的空间 |
| 要求三 | 通道应留有适当的宽度，并保持装卸空间，这样既可保证物品搬运的顺畅，又不会影响物品装卸的工作效率 |
| 要求四 | 不同的物品应依物品的形状、性质、价值等因素选择不同的堆放方式 |
| 要求五 | 物品的仓储，要遵循先进先出的原则 |
| 要求六 | 物品的堆放，要保证容易核算储存数量 |
| 要求七 | 物品的堆放应方便识别与检查，如良品与不良品、呆料与废料应分开处理 |

图5-11　物品堆放的要求

### 3.仓库温度、湿度的调控

物品在储存期间大都需要有一个适宜的温湿度，以确保物品的性质稳定。常见的温湿度调控主要通过通风降温、密封、吸潮来实现。温度、湿度调控方法如图5-12所示。

| 通风降温 | 通风降温时应注意气象条件，如在天晴且风力不超过5级时效果较好，在秋冬季节通风较为理想 |
| 密封 | 一般情况下，对物品出入不太频繁的库房可采取整库封闭；对物品出入较为频繁的库房可采取封垛的措施 |
| 吸潮 | 可使用吸湿剂吸收空气中的水气，主要有生石灰、氯化钙和硅酸；也可使用吸湿机把库内的湿空气吸入冷却器内，使它凝结成水而排出 |

图5-12　温度、湿度调控方法

## 四、物料盘点管理

仓库盘点作业是指对在库的物品进行账目和数量上的清点作业。

### 1. 盘点的目的

物料盘点的意义主要体现在图5-13所示的三点上。

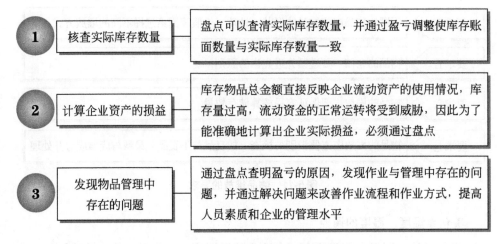

图5-13 物料盘点的意义

### 2. 盘点的要求

仓库盘点应达到图5-14所示的"六不"要求。

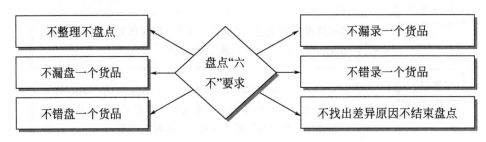

图5-14 盘点"六不"要求

### 3. 盘点的方法

常见的盘点方法有以下三种。

（1）定期盘点。定期盘点就是选择一个固定时期，对所有物料进行全面盘点。定期盘点必须关闭仓库，做全面性的物料清点。其优点是能够方便、准确地核对物料、在制品的数量、种类，可减少盘点中的错误；缺点是可能会造成损失，并且需动用大批员工从事盘点工作。

定期盘点根据所采用的盘点工具，可分为图5-15所示的三种。

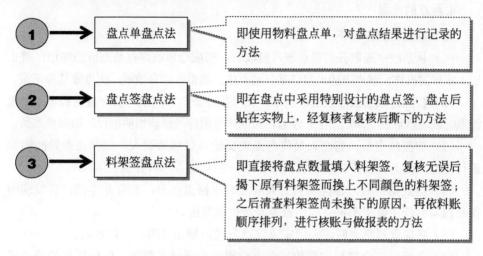

图5-15　定期盘点的方法

（2）连续盘点。连续盘点是将物料逐区、逐类连续盘点；或某类物料达到最低存量时，即机动加以盘点。在盘点时不必关闭仓库，可减少停工造成的损失，但必须有专业盘点人员常年划分物料类别。实施连续盘点时，可采用图5-16所示的三种方法。

方法一　分区轮盘法。分区轮盘法是由专业盘点人员将仓库分为若干区，依序清点物料存量，经过一定日期后周而复始

方法二　分批分堆盘点法。分批分堆盘点法是准备一张某批收料记录签，将其放置于透明塑料袋内，拴在该批收料的包装件上。发料时，在记录签上记录，并将领料单副本存于该透明塑料袋内。盘点时，对尚未启用的包装件可确认其存量毫无误差，只将动用的存量实际盘点

方法三　最低存量盘点法。最低存量盘点法是指当库存物料达到最低存量或订购点时，即通知专业盘点人员清点仓库，盘点后开具对账单，以便查核误差。这种盘点方法对于经常收发的物料相当有用，但对于呆料来说则不适合

图5-16　连续盘点的方法

(3)联合盘点。定期盘点制与连续盘点制各有利弊,联合盘点制则是采用数种方法联合盘点。例如,实行最低存量盘点法者,同时采用定期盘点制;实行分批分堆盘点法者,同时采用分区盘点法。数种方法结合运用,可以做到尽善尽美。

**4.盘点的流程**

仓库盘点的流程如下。

(1)从系统中提取获得盘点表,提取后,相应仓库的库存数据应当冻结,禁止出入库账的操作,盘点表的内容包括包装单位、数量、库存数量、实盘数量等记录。

(2)按照提取的盘点表进行盘点,在"盘点数"一列填写实际盘点数量,如果盘点时发现盘点表(即账面上)没有,按照序号顺序继续新增明细行,填写盘点数。

(3)初盘结束后,初盘人员将盘点表交给该区域负责人,就存在差异的物料进行复盘。复盘人员不应受初盘人员影响,独立清点物料并做记录。

(4)盘点结束后,各区域负责人应及时收回盘点表,汇总并存档,若发现所得数据与系统中数据不符,应追查差异产生的原因。

(5)各库管员盘点时,采用实盘实点方式,禁止目测、估计数量。

(6)盘点时注意物料的摆放,盘点后需对物料进行整理,保持原来的或合理的摆放顺序。

(7)盘点过程中严禁出现图5-17所示的行为。

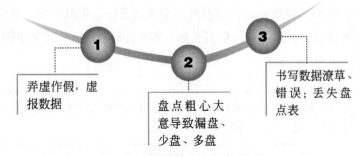

图5-17 盘点过程中严禁出现的行为

(8)盘点中出现库存数与盘点数存在差异(即盈亏)时,需要按照企业内部分级授权制度上报审批,各区域负责人将盘点表经仓储主管以及财务主管核准、签字后,在系统中将其导入执行,系统自动根据"盘点数"形成差异数,作报损、报溢处理,校准库存。

(9)各区域负责人应仔细分析差异数据产生的原因,并提出改进方案,防止此类问题再度发生。

**5.盘点结果处理**

在盘点过程中,如发现账物不符的情况,企业应积极找出造成账物差异的原因，同时做好预防及修补改善工作，防止再次发生。

盘点工作负责人将盘点所得资料与账目进行核对后，如发现账物不符的情况，应追查原因。具体可从以下方面着手进行追查。

（1）账物不符是否确实，是否存在因账物处理制度存在缺陷而造成账物不符的情况。

（2）盘盈、盘亏是否为盘点人员素质过低产生了记账错误或进料、发料的原始单据丢失造成账物不足。

（3）是否为盘点人员不慎多盘或未用心盘点分置多处的物料，或盘点人员事前培训工作不到位而造成错误。

（4）盘点与账物的差异是否在允许范围之内。

（5）找出盘盈、盘亏的原因，分析日后是否可以事先设法预防或能否降低账物差异的程度。

**相关链接**

### 仓库盘点的"八大注意事项"

#### 1. 部门配合

一个正常生产经营的企业的物流是时刻变动的，是一个动态的指标，而企业盘点的目的，就是要查出某一个时间点的库存量，而库存量却是一个静态的指标，这就形成了一个矛盾，这就要求生产和销售部门在盘点期间暂时停止物料的收发动作，达到仓库所需要的无变动状态。所以在盘点期间，即使生产出货照常进行，也要将生产所需物料提前发放到生产线上，以达到仓库物料的静态。此时的盘点要求只局限于仓库本身，如果是年底全面盘点，生产和一切物流要全部停止动作，生产线上没有完工的物料在逻辑上还要退回仓库，再进行全面的盘点。

#### 2. 人员配置

仓库的盘点必须配备一定的人员，参与盘点的人员必须具备一定识别和计量物料的能力，对于盘点工作，各部门还要有相应的监督机制。除仓管员以外，其他部门的人员也必须参与盘点，比如PMC（生产及物料控制）和财务部，生管部需要检查库存品名数量，财务部不仅要对品名数量进行监督，还要对库存的价值进行计算，各部门人员的共同参与，一定程度上还增强了盘点人员的队伍，加速了盘点工作的进行。

#### 3. 盘点时间

仓库的盘点时间一般选择在月底的最后一天，当然也会由于临时的需要进行月中盘点。选择在月底盘点的优势很多：第一，月底盘点与仓库每月结账时间保持一致，更利于查找差异，分析差异原因；第二，月底盘点与财务结账保持了数据的共享与协调，提高了数据的使用效率；第三，月底盘点为生产各项数据报表与财务月报表提供了真实有说服力的数据；第四，月底盘点后的数据真实可靠，为下月仓库数据的准确性提供了相应的保障。

### 4. 前期准备

对盘点前的物料，仓库管理员应该提前做准备。第一，将同一类别、品名的物料放在一起，以便于盘点工作的顺利进行；第二，检查物料卡的收发结存记录，并核对实物数量。

### 5. 详细记录

盘点人员在盘点期间，必须认真核对实物的品名、数量、料号，做到准确无误，对实物过小的原料，还要借助一定的计量工具（如电子秤、卡尺等）进行计量，进行专门的称量计算。对于贵重材料成品，还要进行重点记录，精确计量。

### 6. 复盘

根据概率论原理，同一工作失误犯第二次的可能性是很低的。在进行第一次盘点以后，有条件的企业还要对经过盘点的实物进行复盘，以提高数据的准确性，减少工作中的失误。

### 7. 查找差异原因

盘点结束以后，相同的品名要将账存数量与盘点数量相比较得到差异，如果差异在合理的范围内，那么就不需要分析差异原因，如果差异率超过企业规定的范围，就必须对差异做出说明与原因分析，最后调整账务，做到账实相符。在这里需要提示的一点就是次月的月初数应该与本月的盘点数相等，而不是与账务结存数相等，否则就会将差异数带入到下月的账务当中，盘点也自然失去了它应有的意义和效果。

### 8. 临时事件处理办法

仓库在盘点期间，如果碰到必需的物料收发，比如急需的供应商送货、成品的入库及客户送货，通行的做法是可以将收发的单据日期推后一天（到达下一个月份），并对入库的原料进行隔离处理（不参与盘点），对出库的成品在发货前盘点（需参与盘点），目的就是在这种紧急情况发生时，避免造成账务的混乱和实物的不相符，保持账务逻辑关系的顺畅。

## 五、物料出库管理

仓库要认真做好物料出库管理工作，按照生产的需要及时地向各车间、各部门供应适用的物料，以保证生产正常进行。

物料出库的操作流程如图5-18所示。

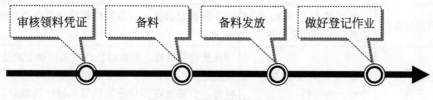

图5-18　物料出库操作流程

**1. 审核领料凭证**

当领料人员持领料单到仓库领料时，仓管人员应就以下方面对领料单进行审核。

（1）审核出库凭证的合法性和真实性，查看领料单上是否有相关部门的印章或负责人的签名。

（2）核对领料单上的领料日期，发现超过有效领料日期的，应请其重新开具。

（3）核对领料单上物料品名、型号、规格、数量是否与实际库存相符。

**2. 备料**

（1）备料要按物品出库凭证（如"领料单""物品出货通知单""物品调拨单"等）所列项目进行，不得随意变更。其一般步骤见图5-19流程图。

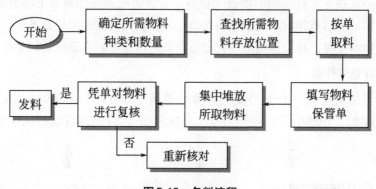

图5-19　备料流程

（2）备料时要按号找位、据单配货，遵照"先进先出"的原则，并采用适当的备料方法。

（3）采用"先进先出"的方法。在出库时，应采用先进先出的方法，以确保物料储存的质量，防止由于储存时间过长导致物料损坏、变质。

（4）使用适当的备料方法。根据需准备物料的不同，仓管员要采用原箱原捆备料、原堆桩原货垛备料、拆箱拆捆备料等方法。具体操作如表5-2所示。

表5-2 备料方法的操作说明

| 备料方法 | 适用范围 | 操作说明 |
| --- | --- | --- |
| 原箱原捆备料 | 出库物料量或购销发运量较大的发货业务 | 不需拆箱拆捆，只需按整箱整捆备齐物料就可发放 |
| 原堆桩原货垛备料 | 发货量是整批数、品种单一的物料 | 在货物原堆桩、原货垛处，按领料单上的品名、数量点齐，并在原货垛上标出发货量记号；待取料时，仓管员在原货垛处按事先标定的数量记号将物料点交发放即可 |
| 拆箱拆捆备料 | 领料量较小，或领料、发运量大，但品种多样，需拆零配料的业务 | 备料时将物料拆箱、拆捆，料备好后再对物料进行重新包装，并在包装内附上装箱单，其上注明所装物料的品名、牌号、规格、数量和装箱日期，并由装箱人签字或盖章 |

### 3.备料发放

在完成备料工作后，仓库就可以组织人员进行发放。

（1）当面清点物料。将领料单上的物料备齐后，仓管员要与领料人员再一次确认发料单的填写及签章是否确实，编号是否连续，并一起对物料进行最后一次清点，以确保物料的种类、数量准确。

（2）办理移交手续。物料清点无误后，仓管员应该在领料单上填写实际发放数量并签字，然后将领料单交给领料人员，请领料人员在相应栏目签字。

（3）物料交付。移交手续办理完成后，就可以让领料人员将物料领走。

### 4.做好登记作业

物料发放完毕后，仓管员要根据领料单调整库存账目，使账、物、卡重新统一，并编制"物料收发日报表"及"出货台账"，以便为日后的统计工作打下基础。

## 六、成品出库管理

成品出库是仓库根据业务部门开出的成品出库凭证，按所列项目组织成品出库的工作。仓库应严格按照相应要求，组织仓管员做好成品出库的控制。

一般来说，成品出库工作流程如图5-20所示。

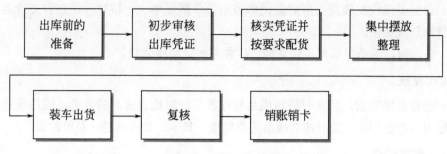

**图5-20　成品出库流程**

**1. 出库前的准备**

在通常情况下，仓库调度在成品出库的前一天，接到相关通知后，应分理和复审提货单，及时正确地编制好有关出库任务单、配车吨位单、机械设备单等，分别送给工班长、机械班、仓管员、收发员或理货员，以便做好出仓准备工作。

当仓管员从调度手中接到出仓通知后，应做好以下工作。

（1）在进出仓业务通知牌上写明将出仓产品的品名、规格、数量以及产品的货位货号、发往地点等，以利于其他人员的及时配合。

（2）按提货单所写的入库凭证号码，核对好储存凭证（即仓管员的账目），根据储存凭证上所列的货位、货号寻找到该批产品货垛，然后将提货单与储存凭证、桩位卡、产品进行核对；确认正确无误后，做好出仓标记，以确保单、货相符。

（3）在场地允许的条件下，将成品调出分开码放，以利出货。

**2. 初步审核出库凭证**

审核成品出库凭证，主要是审核正式出库凭证填写的项目是否齐全，有无印鉴，所列提货单位名称、产品名称、规格、重量、数量、唛头、合约符号等是否正确，单上填写字迹是否清楚，有无涂改痕迹，单据是否超过了规定的提货有效日期。

**3. 核实凭证并按要求配货**

（1）属于自提出库的成品，不论整零，仓管员都要将货配齐，经过复核后再逐项点付给提货人，当面交接，划清责任。

（2）属于送货的成品，由仓管员在包装上刷写或粘贴必要的各种发运标志，然后集中到理货场所待运。

**4. 集中摆放整理**

送货的成品，不论整件或拼箱的，均须进行理货，集中待运。

### 5.装车出货

仓管员或收发理货员应对提货单等相关单据逐单一一核对，并点货交给运输人员，分清责任。

装车时，应指导装车工轻拿轻放，并按一定顺序装载。

### 6.复核

仓管员发货后，应及时核对成品储存数，同时检查成品的数量、规格等是否与账面结存数相符。随后核对成品的货位量、货卡，如有问题，及时纠正。

### 7.销账销卡

成品出库工作结束后，仓管员应销账销卡，统计余数。在成品出库工作中必须防止包装破损和受到污染的产品出库。

## 七、呆、废料管理

由于呆、废料是在企业的生产经营过程中产生的，其价值已经大大减少，因此仓库主管必须制定一套处理办法，并让各仓管员依照执行。

### 1.呆、废料管理目的

物料变成呆、废料，其价值已急剧下降，而仓储管理费用并不因为物料价值下降而减少，因此以同样的仓储管理费用保存价值急剧下降的物料显然不合理。呆、废料管理目的如图5-21所示。

| 物尽其用 | 呆、废料弃置在仓库内而不能加以利用，久而久之物料容易锈损腐蚀，降低其价值，因此应物尽其用，适时予以处理 |
|---|---|
| 减少资金积压 | 呆、废料闲置在仓库内而不能加以利用，使一部分资金呆滞于呆、废料上，若能适时加以处理，则可减少资金的浪费 |
| 节省人力及费用 | 呆、废料未处理前，仍须由有关人员管理，因此会发生各种管理费用，若能及时处理呆、废料，则可节省人力及管理费用 |

节省仓储空间 ←┈┈┈┈ 呆、废料日积月累，势必占用巨大的仓储空间，可能会影响到企业的仓储管理。为节省仓储空间，呆、废料应适时予以处理

图5-21 呆、废料管理目的

### 2.呆料的预防与处理

呆料即物料存量过多，耗用量极少，而库存周转率极低的物料。这类物料只是偶尔耗用少许，甚至有根本不再动用的可能。呆料为可用物料，没有失去物料原来的特性和功能，只是呆置在仓库中很少动用。

（1）呆料的预防。呆料预防重于处理，仓库人员可以从呆料的产生原因进行有效的防范，具体预防措施如表5-3所示。

表5-3 呆料的预防措施

| 部门 | 预防措施 |
| --- | --- |
| 销售部门 | （1）加强销售计划的稳定性，对销售计划的变更要加以规划；切忌频繁变更销售计划，使购进的材料变成仓库中的呆料<br>（2）客户的订货应确实把握，尤其是特殊订货不宜让客户随意取消<br>（3）客户预订的产品型号或规格应减少变更，尤其是特殊型号和规格的产品更应设法降低客户变更的机会<br>（4）销售人员接受的订货内容应确实把握，并把正确、完整的订货内容传送至计划部门 |
| 设计部门 | （1）提高设计人员的能力，减少设计错误，不至于因设计错误而产生大量呆料<br>（2）设计力求完整，设计完成后先经过完整的试验，再进行大批量订购材料<br>（3）设计时要尽量使零件、包装材料等标准化 |
| 计划与生产部门 | （1）加强产销的协调，增加生产计划的稳定性，对紧急订单作妥善处理，如此可减少呆料的产生<br>（2）生产计划的拟订应合乎现状。若生产计划错误而造成备料错误，自然会产生呆料<br>（3）若生产线加强发料、退料的管理，则生产线上的呆料自然会减少<br>（4）新旧产品更替，生产计划应十分周密，以防旧材料变成呆料 |

续表

| 部门 | 预防措施 |
|---|---|
| 货仓与物控部门 | （1）应加强材料计划，减少材料计划失误的情况<br>（2）对存量加以控制，勿使存量过多，以减少呆料产生<br>（3）强化仓储管理，保证账物的一致性 |
| 采购管理部门 | （1）减少物料的不当请购、订购<br>（2）加强辅导供应厂商，呆料现象自可降 |
| 验收管理部门 | （1）物料验收时，避免混入不合格物料，强化进料检验并彻底执行<br>（2）加强检验仪器的精良化，避免不良物料入库 |

（2）呆料的处理。处理呆料的途径主要有图5-22所示的六种。

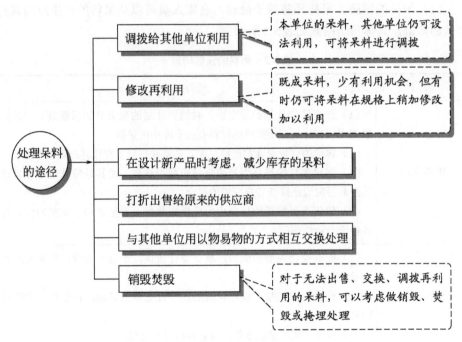

图5-22　呆料的处理途径

**3.废料的预防与处理**

废料是指报废的物料，其本身已残破不堪、磨损过甚或已超过其使用年限，以致其失去原有的功能而无利用价值。

（1）废料产生的原因。要想正确预防废料产生，仓库主管必须了解废料产生的原因，具体如图5-23所示。

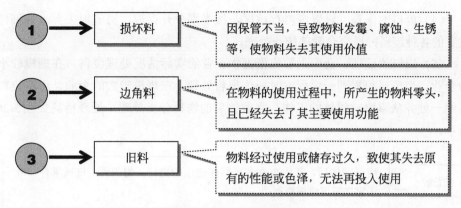

图 5-23　废料产生的原因

（2）废料的预防。为预防废料的产生，可针对废料发生的原因而采取图 5-24 所示的六个措施。

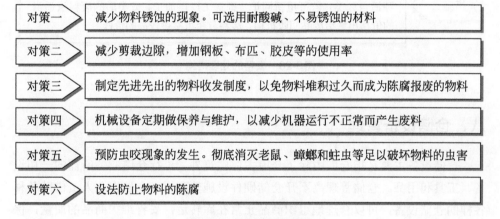

图 5-24　废料的预防措施

（3）废料的整理。废料的整理要点如图 5-25 所示。

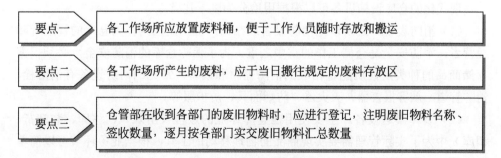

图 5-25　废料整理的要点

(4)废料的保管。设置废料存放区,按类别分开存放,勿随地丢弃。各部门收集的各种废料,送交仓管部统一处理。

(5)废料的处理。仓库主管应根据本企业的实际情况处理废料。在规模较小的企业,当废料积累到一定程度时应作出售处理。在规模较大的企业,可将废料集中一处并从事物料解体的工作,将解体后的物料分类处理,处理措施如图5-26所示。

| 措施一 | 废料解体后,其中有许多可移作他用的物料,如胶管、机械零件、电子零件等可以重新利用 |
|---|---|
| 措施二 | 废料解体后,其中仍有残料如钢条、钢片等可作残料利用 |
| 措施三 | 废料解体后,所剩余的废料应小心分类,将钢料、铝、铅、铜、塑胶等适当分类。若可重新回炉,则送工厂再加工。分类后的废料依适当的价格出售给废品回收机构,废料分类可卖得较高的价钱 |

图5-26 废料的处理措施

## 八、仓储设备管理

仓储设备主要是指仓库中除了仓库主体建筑外,进行仓储业务所需的一切设备、工具和用品。仓储管理离不开仓储硬件设施的配置,仓储作业人员借助各种各样的仓储设备,可以合理地组织商品正常在库转运,妥善维护商品的质量,保障人、财、物的安全。

**1. 仓储设备的类别**

现代化的仓库设施设备可以根据用途分为以下几类。

(1)消防设备。之所以把消防设备放在第一位,是因为作为仓库的管理者和经营者,消防安全是仓储工作的重中之重。为了保障仓库的消防安全,必须根据存储商品的种类及性质配备相应的消防器材和设备。常见的消防设备有消防栓、消防管道、烟雾报警器、灭火器、防烟面具、防护服等。

(2)装卸搬运设备。主要使用在仓库作业的过程(出入库、移库、装卸货、调库)中为了实际管理需要实现商品的物理移动的工具,根据业务环节可以简单分为图5-27所示的四类。

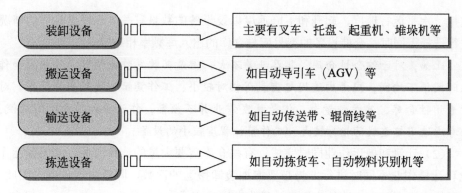

图 5-27 搬运设备的分类

（3）检验设备。检验设备主要指应用于仓库在入库验收环节、在库质量检查环节和出库交接环节中使用的度量衡称重设备和量具及商品检验的各种仪器等。常见的有磅秤、标尺、卡钳、自动称重设备等。

（4）通风、照明、保暖设备。通风、照明、保暖设备主要用于存储商品和仓库作业需要对物理环境要求的保障，常见的有除湿机、抽风机、联动开窗机、防爆灯、防护隔热帘等。

（5）养护设备。养护设备一般应用于对仓库产品质量的维护和监控以及设备的维护，常见的有温湿度控制器、自动喷淋装置、除锈机、烘干机等。

（6）存储设备。存储设备主要指用于商品的存储和保管作业的设备，常见的有各种货架、托盘装置等。

**2. 仓储设备的选择**

仓库在选择仓储设备时，应注意图 5-28 所示的事项。

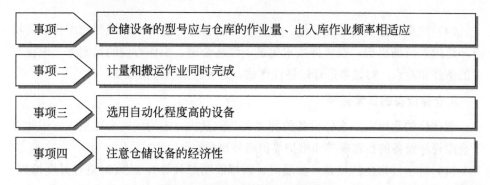

图 5-28 选择仓储设备的注意事项

（1）仓储设备的型号应与仓库的作业量、出入库作业频率相适应。仓储设备的型号和数量应与仓库的日吞吐量相对应。仓库的日吞吐量与仓储设备的额定起重量、水平运行速度、起升和下降速度以及设备的数量有关,应根据具体的情况进行选择。同时,仓储设备的型号应与仓库的出入库频率相适应。

比如,对于综合性仓库,其吞吐量不大,但是其收发作业频繁,作业量和作业时间很不均衡,应考虑选用起重载荷相对较小、工作繁忙程度较高的设备。对于专用性仓库,其吞吐量大,但是收发作业并不频繁,作业量和作业时间均衡,应考虑选用起重载荷相对较大、工作繁忙程度较小的设备。

(2)计量和搬运作业同时完成。有些仓库需要大量的计量作业,如果搬运作业和计量作业不同时进行,势必要增加装卸搬运的次数,降低生产效率。因此,为了提高生产效率,可使搬运和计量作业同时完成。

比如,在皮带输送机上安装计量感应装置,在输送的过程中,同时完成计量工作。

(3)选用自动化程度高的设备。要提高仓库的作业效率,应从物品和设备两个方面着手,具体如图5-29所示。

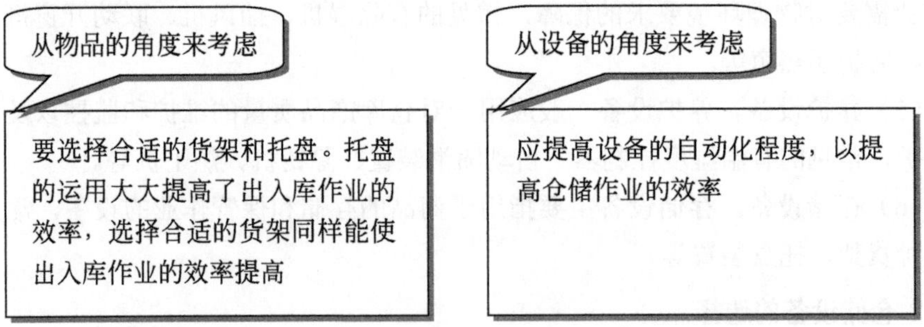

从物品的角度来考虑：要选择合适的货架和托盘。托盘的运用大大提高了出入库作业的效率,选择合适的货架同样能使出入库作业的效率提高

从设备的角度来考虑：应提高设备的自动化程度,以提高仓储作业的效率

图5-29　选用提高仓库作业效率的设备应考虑的因素

(4)注意仓储设备的经济性。选择仓储设备时,企业应该根据仓库作业的特点,运用系统的思想,在坚持技术先进、经济合理、操作方便的原则下,根据自身的条件和特点,对设备进行经济性评估,选择经济合理的设备。

### 3.仓储设备的日常保养

现代化的仓库中,仓储设备的种类多、数量大,占用的资金比重大,因此对于仓库设施设备的日常保养和维护显得格外重要。

(1)对于日常性的设备(如线盘、防爆照明灯具等),应及时进行月度检查。检查设备在日常使用过程中,是否存在漏电、螺丝松动、根据轴承使用情况更换润滑油等细节问题,及时消除潜在安全隐患,保护使用者和设备安全,提高设备安全性,降低设备故障率。

（2）对于季节性设备（如风机、冷机等），应当做好图5-30所示的日常保养工作。

| 工作一 | 做好设备的日常清洁工作，并结合设备的使用时间，提前做好设备检查和维护工作 |
| --- | --- |
| 工作二 | 重点检查设备中需要年检的部件，如安全阀、压力表及损耗件 |
| 工作三 | 检查机械传动部件是否需要润滑、螺栓是否需要重新紧固等 |
| 工作四 | 检查电气部件是否存在电缆破皮、电气元器件接触点不良、软件通信顺畅等问题 |

图5-30　季节性设备的日常保养工作

（3）对于长期暴露在户外的设备和有关设施，在安装和使用前应当考虑环境防腐和防雨等问题；仓外的配电箱和设备上的配电设施均应满足一定的防水等级；户外使用的电缆护套线应采用双面橡胶并具有一定抗腐蚀性的材料等。

**4. 仓储设备的日常检查**

仓储设施及相关的仓储设备在使用的过程中，也会存在异常情况。因此，根据实际使用情况进行专项检查也是很有必要的。

比如，冬季设施检查时应多注意塑料材质管线是否冻裂；夏季设施检查时应注意用电设备电缆是否存在过载起热，及拖动过程中是否存在电缆破皮，仓房仓顶是否有保温、防水层开裂等现象；当北方春夏交替时出现杨柳絮天气时，应该增加正在运行设备的巡查次数，特别是使用中设备的进气口检查，避免因杨柳絮过多而造成设备进气口堵塞。

**5. 仓储设备的日常管理**

（1）设备档案的管理。对于重要仓储设备部件和备件应及时登记造册，重点记录设备的基本尺寸、厂家、主要的电气元件、联系人和设备的说明书、维修手册等资料。

（2）备品备件的日常管理。为了避免设备出现异常情况，影响正常仓储工作。根据设备中原件数量多少、设备重要性、设备使用频率等影响要素将备件划分为ABC三大类，从而采用不同的管理方式。其中对于重要性较大的A类备件应进行重点管理。

## ××公司物流配送中心仓储部设备管理办法

### 第一章 总 则

**第一条** 为进一步加强物流设备管理工作，规范管理流程，提升设备保障能力，降低设备维护成本，不断提高设备管理水平，结合物流配送中心设备管理工作的实际情况，制定本办法。

**第二条** 物流设备管理的目的是在公司的宏观指导下，通过交流与共享，以物流配送中心设备的实际管理、使用与维修为根本，实现物流设备的采购、修理、维保、利旧、优化、研发。通过定期汇总、更新、上传、共享等措施，实现备品备件、供应商、知识库等信息从传统的手工台账管理向开放、共享的动态管理转变，搭建适时调整的动态管理网络，从而提高全系统物流设备综合效率，降低设备费用，提升物流设备管理水平。

**第三条** 本办法所称设备是指物流配送中心在设计、生产、使用、运营等领域可供长期使用且列入固定资产的物流设备，包括叉车、堆垛机等存取货设备，无线射频设备、装卸搬运设备、分拣设备、输送设备、装箱设备、生产经营决策系统（"一号工程"）设备，质检设备及电、气动力设备等物流设备。

### 第二章 TPM组织机构

略。

### 第三章 设备管理范围及分类

略。

### 第四章 设备档案管理

**第九条** 建立设备（包含备品备件）基础数据管理档案，进行统一管理、编号、归纳、登记、建账，形成可供查阅的技术文档，将设备按照设备区域类别或备件类型建档梳理，必须做到一机一档。

（1）一机一档的主要内容。设备基础信息、部件信息、设备改造资料、设备换件及主要维修记录、维修费用、保养记录、设备故障、备品备件信息等资料。

（2）设备基础信息的主要内容。设备名称、设备编号、供应商、分类、型号、规格、使用部门、使用方法、功能属性等基础信息，各单位可根据实际情况在此基础上进行数据扩展。

（3）设备类型。输送设备、扫描设备、伸缩机、仓储设备、叉车、除湿机、信息化设备等。

（4）备件类别。开关类、轮类、气动类、固定类、电机、辊筒、传感器、轴承、皮带、弹射器、PLC模块、线缆类、轴类、总线、链条类、电源类、变频器、指示灯、拣选类、扫码、保养、工具、耗材和其他类。

## 第五章　设备台账管理

第十条　建立设备台账，理顺设备台账与设备档案管理工作的关系，确保设备台账准确、完整、可靠，统计物流中心所有正在使用设备，设备台账包括以下内容。

（1）设备名称、资产编码、类别名称、使用部门、使用人、管理部门、开始使用日期、原值净值、存放地点等。

（2）设备台账应做到分部门归档、内容完整、修订及时、管理规范。

（3）设备新购、变更、报废后，设备所在部门应在一个月内对原台账进行修改、完善，确保账实相符。

（4）所有的设备台账和技术资料应妥善保管。各部门负责本部门物流设备的台账建立、管理工作，财务部负责编制物流中心的物流设备资产年报，技术部负责物流中心的物流设备台账汇总、督察。

## 第六章　设备维护计划

第十一条　根据实际建立设备保养计划，将设备保养内容、周期、人员、方法等结合信息平台进行数据录入，定期汇总。

（1）设备维护计划主要内容。设备区域、设备分类、设备名称、工单编号、使用部门、规格型号、工单类型、工单执行人、起始执行日期、有效期限（天）、计划完成日期、实际完成日期、实际工时、是否更换备件、结果描述等。

（2）设备维护实行三级维护制度。依据工作量大小和难易程度，分为日常维护、一级维护和二级维护。

（3）通过物流综合管控平台定期上报维护计划，实现全省共享，各单位结合自身实际提取维护计划中维护内容、有效周期、维护方法等信息，取长补短、各取所需，并进行维护方法的效率分析，研究确定适合各单位实际的设备高效率、低成本维护方案。

## 第七章　设备点巡检管理

第十二条　根据实际建立设备点巡检制度，利用信息手段进行点巡检动态调度，以最短时间、最高质量完成相应点巡检内容。

（1）点巡检内容。设备区域、设备分类、设备名称、工单编号、使用部门、规格型号、点巡检方式、工单类型、设备异常、工单执行人、实际工时、点巡检设备结果描述、有效周期等。

（2）点巡检标准。针对每台设备，依据其结构、运行方式、点巡检内容分析，定出检查的部位（巡检点）、内容（检查什么）、正常运行的参数标准（允许的值），并针对设备的具体运行特点，对设备的每一个巡检点，确定出明确的检查周期（一般可分为时、班、日、周、月、旬检查点）。

（3）点巡检应用。针对点巡检中发现的设备缺陷、隐患，提出应安排检修的项目，纳入维修计划。其中，点巡检中发现的设备缺陷，在不影响正常工作的情况下，必须立即处理。

（4）结合实际根据点巡检方法与结果反馈总结分析，研究确定适合实际的高效率的点巡检策略，建立健全设备点巡检标准。

## 第八章 自主维护

第十三条 根据实际结合设备维护计划，形成自主维护与专业维护相结合的维护模式。自主维护包括三级维护制度中的日常维护和一级维护。

（1）自主维护是开展TPM全员生产维护活动的主要构成部分。涉及与设备有关的所有部门，包含物流中心全体人员。

（2）日常保养。以设备使用部门为主，达到"完好、清洁、润滑、安全"效果为准，可以根据各自的生产和设备情况，调整日保的时间，但总时间不得低于20分钟/天。

（3）一级维护。依托物流中心员工，以设备维修人员为主，建设以自身能力为支撑的技术队伍，进行设备的维修工作。

（4）依托综合管控平台记录维护内容，及时上报。

## 第九章 专业维护

第十四条 专业维护指三级维护制度中的二级维护，包括大修理、项目修理。

（1）二级维护。年中、年底停产保养，停开设备保养，国家法定节假日等节日保养，设备停开在一天（24小时）以上的保养要求不得低于一级维护要求。

（2）设备的大修理是对所修设备进行全部解体，修理基准件，修复或更换全部磨损件以及外表翻新等，全面消除设备修前的缺陷，恢复设备原有的精度和性能。

烟草专用机械的大修理要按照行业有关规定进行，通用设备和特种设备的大修理要按照国家通用和强制性要求开展。

设备大修理的验收，要由承修方和企业设备管理、生产使用、质量管理等部门，根据行业标准、规范和程序及合同规定的验收标准组织进行。

（3）项目修理是根据设备的技术状态，对设备精度、功能达不到工艺要求的某些部位进行针对性修理，以恢复设备精度和性能。

委外承修的烟草专用机械设备项目修理工作，要按照行业有关规定进行；委外承修的通用设备和特种设备的项目修理工作，要按照国家通用和强制性要求选择具有资质的承修方开展。

（4）以供应商售后为主，以自由设备技术队伍为辅，解决物流设备紧急性、临时性疑难问题，从而保障物流设备高效、稳定运行。

（5）应前瞻性地考虑设备的维护工作，针对设备运行的季节性特点做好计划性大（中）检修、定期开展监督检验和预防性试验、提前实施换季维护检修、适时开展停产检修，积极排查隐患，预防和控制事故的发生。其中，对连续运行、安全要求高的设备，最大限度利用停产或节假日实行强制性维修，以保证生产的正常运行。

（6）依托综合管控平台记录维护内容，及时上报。

## 第十章　维护验证

第十五条　随着企业的生产技术装备不断更新，高精度、高效率、自动化设备日趋增多，更显出设备维护与维修工作的重要性。

（1）验证标准分为验收精度、相关精度、无关精度三类，其中验收精度即维修中所恢复部位精度，必须达到出厂标准；相关精度则要求不低于修前精度即可；无关精度可不作检查。

（2）建立供应商的评价机制，定期对供应商的产品使用情况、售后服务情况、备品备件质量、性价比等进行综合评价，并及时更新供应商的动态信息（新增、信息调整）至省级平台，实现对供应商的对比监督，以保证全省在供应商选择上降低费用、提高效率。

（3）构建供应商信息管理库，负责对本中心供应商进行信息化管理，结合各供应商技术特点、维护能力、费用水平、设备性能、经营范围、服务水平等信息，对供应商进行归类、评价。结合自身设备特点，向供应商提出设备管理要求，满足及时的驻场指导、备件更换、维修保养、软件故障处理等。

（4）供应商信息主要内容。供应商代码、供应商名称、联系人、联系方式、地址邮编、经营范围、法人、价格、维护单位等。

## 第十一章 维护记录管理

**第十六条** 每次维护结束后,及时登记工作中所遇到的设备故障情况,并按月度收集、统计、分析,建立设备病历卡机制。

(1)维护记录内容。设备区域、设备分类、设备名称、工单编号、使用部门、规格型号、工单类型、工单执行人、使用周期、实际工时、维修方法、更换备件、结果描述等。

(2)维护记录范围。设备维护计划、设备点巡检管理、自主维护、专业维护。

(3)设备病历卡主要内容。故障现场、故障编号、维保编号、区域、部位、故障类型、故障级别、故障子类型(故障名称)、处理耗时、故障描述、故障原因、解决方法、相关图片等相关信息。

(4)各单位通过综合管控平台定期上报维修内容,各单位根据维修方法与实际效率总结分析,研究确定各设备高效率、低成本的维修方法,并为编制运维知识库汇聚基础资料。

## 第十二章 备品备件管理

**第十七条** 备品备件管理

(1)实现物流中心备品备件信息化管理,包括本中心备品备件分类、档案、出入库、库存、储位维护、审批等信息,并提供备件自主管理知识。

(2)备品备件管理主要内容。备品备件编码、分类、档案、出入库、库存、储位维护、新增品类、调拨管理、金额明细等内容。

(3)备品备件的入库管理。认真清点所要入库的备品备件的数量,并检查好备品备件的规格、型号、质量(合格证),做到数量、规格、品种准确无误,质量完好,配套齐全,应做好记录,登记《备品备件台账》,及时摆放于指定位置,做到账物相符。

(4)备品备件在库管理。保持库容整洁,做好防锈、防腐、防尘、防潮、防质变等工作。易燃、易爆、易生锈、易腐蚀的备品备件要单独存放,并定期检查。精密、易碎及贵重物资要轻拿轻放。严禁挤压、碰撞、倒置物品,要做到妥善保存。备品备件管理员应对库存备品备件进行定期(每月)检查,更新库存台账。

(5)备品备件的领用管理。根据实际需要领用,不得随意乱领、多领,浪费使用。领用人员应根据备品件领用情况随时登账,变动库存量,并按备品备件的储备定额计划随时呈报采购计划,及时补充定额,保证生产和维修的正常运行。

领出的设备、备品件发现质量不符合要求或规格型号不对,可退回仓库并及时反馈给采购人员更正。

第十八条 备品备件调剂管理

(1)按照省公司规定的相关备品备件编码原则,实行统一的备品备件管理,及时更新备品备件库存信息,并遵循相应的财务管理规范和备件管理规范,为各单位之间的备品备件紧急调剂使用打好基础,通过电子调剂单形式完成调拨。

(2)电子调剂单。调出中心、调入中心、调剂方式、使用设备、备件编码、备件信息、金额明细。

(3)应急情况下,发生借用调拨时,库房必须保留相关业务流转单作登记。

(4)备件的借用要有备件调剂流转单据,应对备品备件变动情况及时整理汇总、备查。

第十九条 备件处置管理

(1)根据备件的价值、损坏情况,建立自主维修机制,对有使用价值和经济上合理的备品备件进行修复。

(2)根据实际情况制定呆滞件处置原则,对由于设备淘汰、更新不同步或者呆滞件,但在其他中心仍可用的备件,可申请在系统内调剂使用,按照备品备件调拨管理的要求执行。

(3)各单位要加强对备件报废工作的管理,各配送中心报废备件应按照规范要求,定期集中报废。

# 九、仓库安全管理

仓库安全管理工作是其他一切物料与仓储管理工作的前提和基础,具有十分重要的意义。现代仓库的安全管理主要包括四个部分的内容:消防安全管理、库区环境安全管理、仓储作业安全管理以及仓管人员安全管理。

**1.消防安全管理**

消防安全管理涉及很多工作,如火灾报警、灭火器使用、灭火器检查、火灾扑救、消防培训等。每项工作都应当按照相关流程进行。消防安全管理的要点如图5-31所示。

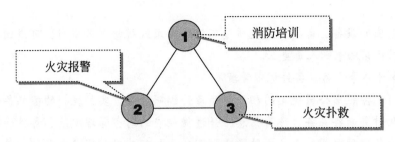

图5-31 消防安全管理要点

(1)消防培训。仓库集中储存着大量的物品,从仓库不安全的因素及危害程度来看,火灾造成的损失最大。因此,仓库消防管理是仓库安全管理的重中之重。仓库消防管理必须认真贯彻"预防为主,防消结合"的消防方针,学习和执行《中华人民共和国消防法》和公安部制定的《仓库防火安全管理规则》,做好全体员工的培训工作。具体要求如表5-4所示。

表5-4 消防培训工作要点

| 序号 | 要点 | 具体说明 |
| --- | --- | --- |
| 1 | 制订培训计划 | 计划是行动的前提,因此必须有针对性地做好消防培训计划 |
| 2 | 选定授课人 | 明确授课人,由人力资源部指派,多为消防管理负责人或当地消防管理部门的仓管人员 |
| 3 | 确定地点与实践 | 选择授课地点,确定授课时间 |
| 4 | 明确培训内容 | 明确授课内容:防火知识、灭火常识、火场的自救与救人、灭火的基本方法与原则 |
| 5 | 培训考核 | 培训结束后,应对参加人员进行考核 |
| 6 | 记录存档 | 必须做好相关培训记录,并存档,以作为员工日后绩效考核的重要依据 |

(2)火灾报警。消防工作实践证明,报警晚是酿成火灾的重要原因之一。仓库应配备准确可靠的报警系统,一旦仓库中某处发生火情,报警装置能及时准确地报警,仓库保卫部门就能迅速报告消防队和通知全体仓库员工,以便及时组织扑救,避免火势的蔓延。

不管火势大小,只要发现失火,就应立即报警。报警时,应根据火势情况,选择既快又好的方式。首先向身边人员发出火警信号,同时以迅捷的方式报告公安消防队,然后再通知其他人员和有关部门。报警越早,损失越小,报警后应有人到路口接消防车到达火灾现场。

(3)火灾扑救。通常可采用的各类灭火方法如表5-5所示。

表5-5 各类灭火方法

| 序号 | 灭火方法 | 具体说明 |
|---|---|---|
| 1 | 冷却灭火法 | 将灭火剂直接喷洒在可燃物上，使可燃物的温度降低到自燃点以下，从而使其停止燃烧。如水、酸碱灭火器、二氧化碳灭火器等均有一定的冷却作用 |
| 2 | 拆移灭火法 | 又称隔离灭火法，它是将燃烧物与附近可燃物质隔离或疏散开，从而使燃烧停止。例如，将火源附近的易燃易爆物品转移到安全地点；关闭设备或管道上的阀门，阻止可燃气体、液体流入燃烧区；拆除与火源相毗连的易燃建筑结构，建立阻止火势蔓延的空间地带等 |
| 3 | 窒息灭火法 | 采用适当的措施，使燃烧物与氧气隔绝。火场上运用窒息法扑救火灾时，可采用石棉被、湿麻袋、砂土、泡沫等不燃或难燃材料覆盖燃烧物或封闭孔洞；用水蒸气、惰性气体（二氧化碳、氮气等）充入燃烧区域；或用水淹（灌注）的方法进行扑救 |
| 4 | 抑制灭火法 | 将化学灭火剂喷入燃烧区参与燃烧反应，中止链反应而使燃烧停止。采用这种方法可使用的灭火剂有干粉和卤代烷灭火剂。灭火时，将足够数量的灭火剂准确地喷射到燃烧区内，使灭火剂阻止燃烧反应继续。同时还需采取必要的冷却降温措施，以防复燃 |

### 2.库区环境安全管理

仓库除了要注意消防安全外，还要注意以下几类常见的库区环境安全管理工作，具体如表5-6所示。

表5-6 库区环境安全管理

| 序号 | 管理事项 | 具体说明 |
|---|---|---|
| 1 | 防潮措施 | （1）仓库应通风良好，防潮防霉<br>（2）每日上班后，仓库管理员应打开窗户通风1～2个小时，并做好《仓库通风记录》<br>（3）如遇有大风、阴雨等天气，可停止通风，并在记录上注明<br>（4）仓库所有物料应按保存要求分别放置于货架或密闭容器中，避免受潮<br>（5）仓库根据需要设置温、湿度的控制设施，以保证物料正常的储存条件，并做好《仓库温湿度记录》 |
| 2 | 防汛/防台风措施 | （1）积极防范，有备无患<br>（2）全员参与，防范损害<br>（3）不断改善仓库条件 |

续表

| 序号 | 管理事项 | 具体说明 |
|---|---|---|
| 3 | 防雨湿措施 | （1）仓库有足够的防雨建筑<br>（2）仓库具有良好的排水能力<br>（3）做好货垛衬垫<br>（4）及时苫盖货物 |
| 4 | 防虫措施 | （1）仓库进出口处上方安装灭蚊灯，防止飞虫的进入<br>（2）一旦发现有昆虫，应立即用灭蝇拍消灭<br>（3）对在保质期内的物品应加强检查并进行必要的防虫、灭虫措施；已超过保质期的货物应妥善处理，以免污染周围环境<br>（4）每日上班后，仓库管理员应开启灭蚊灯，诱杀蚊蝇，下班关闭 |
| 5 | 防震措施 | （1）结合当地地质结构类型，预见地震的可能性，在投资上予以考虑<br>（2）在情报信息上，要密切注视毗邻地区及地震部门的预测和预报资料<br>（3）在组织抢救上，要做充分的准备 |

### 3. 仓储作业安全管理

仓储安全管理的另一个方面是仓库安全作业管理，即指在物品进出仓库装卸、搬运、储存、保管过程中，为了防止和消除伤亡事故，保障员工安全和减轻繁重的体力劳动而采取的管理措施。它直接关系到员工的人身安全和生产安全，也关系到仓库的劳动生产率能否提高等重要问题。

仓库的机械化、自动化程度日益提高，为避免在使用设备过程中发生事故，员工在工作中需采取一系列安全技术措施，并遵循安全操作规程。

### 4. 仓管人员安全管理

由于企业仓储作业的主要内容是装卸搬运货物以及接触不同特性的货品，因而必须注意做好仓管人员的人身安全管理工作。仓库人员的安全管理工作一般可以从以下几个方面着手进行。

（1）树立安全作业的意识。为使仓库能安全地进行作业，树立安全作业意识是非常重要的。为此，仓管员应该做好表5-7所示的工作。

表5-7 树立安全作业的意识

| 序号 | 工作要点 | 具体说明 |
|---|---|---|
| 1 | 强化安全意识 | 仓管员应主动接受安全作业方面的培训，使自己从思想上重视安全作业。同时，通过提高仓储设备的技术水平，减少人工直接装卸、搬运，更多地采用机械设备和自动控制装置，是提高作业安全的最有效的方法。例如，现代自动化立体仓库的使用，使作业的安全性大大提高 |

续表

| 序号 | 工作要点 | 具体说明 |
| --- | --- | --- |
| 2 | 提高操作技能 | 作业技术水平的提高,可以有效降低事故的发生。因此,仓管员要接受企业提供的岗位培训和定期技能考核,这样既能提高企业的生产效率,又能提高自身劳动的安全性 |
| 3 | 认真执行安全规程 | 仓库作业的安全操作规程,是经过实践检验能有效减少事故发生的规范化的作业操作方法,因此,仓管员应严格执行操作规程,并对不按照安全操作规程的行为进行严肃处理 |

(2)进行安全教育培训。为了使仓库作业过程在符合安全要求的物质条件和工作秩序下进行,防止伤亡事故、设备事故及各种灾害的发生,企业需要对仓管员开展安全培训。仓库员工安全培训的主要内容如图5-32所示。

- 内容一　自觉遵守安全生产规章制度和劳动纪律,不违章作业,并随时制止他人违章作业
- 内容二　遵守有关设备维修保养制度的规定
- 内容三　爱护和正确使用机器设备、工具,正确佩戴防护用品
- 内容四　关心安全生产情况,向有关领导或部门提出合理化建议
- 内容五　发现事故隐患和不安全因素要及时向组长或有关部门汇报
- 内容六　发生工伤事故,要及时抢救伤员、保护现场,报告领导,并协助调查工作

图5-32　仓库员工安全培训的主要内容

(3)加强个人安全防护。个人安全防护用品指为防止一种或多种有害因素对自身的直接危害所穿用或佩戴的器具的总称。仓库工作人员正确使用个人安全防护用品,可避免操作过程中对身体造成直接危害。

比如,佩戴安全帽可防御物体对头部造成冲击、刺穿、挤压等伤害;佩戴绝缘手套,可使作业人员的手部与带电物体绝缘,免受电流伤害等。

## 十、仓库5S管理

5S管理既需要进行整体推进,又需要按流程单独进行,确保5S活动取得完整

的效果。如要开展仓库现场清扫工作,需要实行清扫区域责任制,并按组号做好准备工作,查明污垢的发生源,从根本上解决污垢的产生。5S管理具体的内容如图5-33所示。

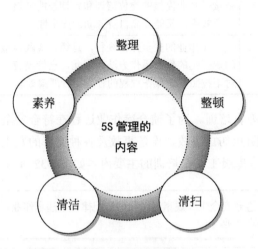

图5-33　5S管理的内容

### 1.整理

仓库现场整理流程具体如图5-34所示。

图5-34　整理的工作流程

（1）现场检查。对仓库现场进行全面检查,包括看得见和看不见的地方,如设备的内部、文件柜的顶部、货架底部等位置。

（2）区分必需品。整理必需品和清除非必需品同样重要。首先要判断出物品的重要性,然后根据其使用频率决定管理方法。如清除非必需品,用恰当的方法保管必需品,便于以后的寻找和使用。

（3）清理非必需品。清理非必需品的原则是看物品现在有没有使用价值,而不是看物品购买时的价值,对于没有使用价值的物品,必须处理掉。

（4）非必需品的处理。对无使用价值的非必需品可以折价变卖或转移为其他用途,如作为训练工具、展示教学等。对涉及机密、专利以及污染环境的非必需品,要收集起来做特别处理。

(5) 每天循环整理。整理是一个长期的过程。仓库现场每天都在变化,昨天的必需品在今天可能是多余的,今天的需要与明天的需求必有所不同,因此整理工作必须循环进行。

### 2. 整顿

仓库现场整顿流程具体如图5-35所示。

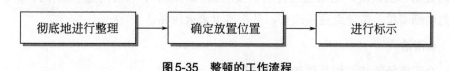

图5-35　整顿的工作流程

(1) 彻底地进行整理。对仓库物品进行彻底地整理,只留下必需物品。在工作岗位上只能摆放最低限度的必需物品;正确判断是个人所需品还是小组共需品。

(2) 确定放置位置。对物品在岗位上的位置进行研讨。制作一个仓库模型(1∶50),以便于对布局的规划。将经常使用的物品放在作业的最近处,特殊物品、危险品应设置专门的场所进行保管。

(3) 进行标示。使用不同色的油漆、胶带、地板砖或栅栏划分区域,在摆放的物品上进行标示。根据工作需要灵活采用各种标示方法,标签上的内容要一目了然。某些物料、产品要注明储存或搬运的注意事项以及保养时间和方法。暂放物料、产品应挂暂放牌,并指明管理责任与时间跨度。

### 3. 清扫

仓库现场清扫流程具体如图5-36所示。

图5-36　清扫的工作流程

(1) 实施清扫区域责任制。对于清扫,应该进行区域划分,实行清扫区域责任制,责任到人,不可存在无人打理的死角。

(2) 清扫的准备工作。清扫前,应准备好必要的清扫用具,如吸尘器、扫帚、清洁剂等。同时,清扫前要对员工进行必要的培训,使他们掌握清扫工作的要领。

(3) 扫除垃圾、灰尘。由作业人员动手清扫而非由清洁工代替。清除长年堆积的灰尘、污垢,不留死角;应将地板、墙壁、天花板,甚至灯罩的里边打扫干净。

（4）清扫点检机器设备。仔细清扫设备，使设备一尘不染，不仅设备本身，连带其附属、辅助设备也要清扫（如分析仪、气管、水槽等）。设备容易发生跑、冒、滴、漏的部位要重点检查。应一边清扫，一边改善设备状况，把设备的清扫与点检、保养、润滑结合起来。

（5）查明污垢的发生源。如若发生即使每天进行清扫，油渍、灰尘和碎屑还是四处遍布的情况，则须查明污垢的发生源，从根本上解决问题；制作污垢发生源的明细清单，按计划逐步改善，从根本上消灭污垢。

### 4. 清洁

仓库现场清洁流程具体如图5-37所示。

图5-37 清洁的工作流程

（1）确定清洁的标准。所谓清洁的标准，包含有三个要素，即干净、高效、安全。

（2）检查前3S的效果。在清洁开始时，要对清洁度进行检查，可以制定出详细的检查表，以规范清洁的状态。

（3）彻底贯彻前3S。必须强化对前3S的管理，督促员工做好前3S工作。

（4）持续培训现场人员。现场管理者要对作业人员持续进行培训教育，以加深其对前3S的认识，并做好现场的整理、整顿和清扫工作。

### 5. 素养

企业在推动前面4S的基础上，使员工达到素养的要求，企业培养员工素养的工作流程如图5-38所示。

图5-38 素养的培养流程

（1）持续推动4S直至全员养成习惯。通过4S（整理、整顿、清扫、清洁）管理，使员工达到工作的最基本要求——素养。所以5S管理可以理解为：通过谁都能做到的整理、整顿、清扫、清洁，达到最终意义上的"素养"。

（2）制定相关的规章制度。制定相应的操作规范、行为礼仪及员工守则等，能够保证员工达到最低限度的素养要求。

（3）教育培训员工，尤其是新进员工，应及时对其进行5S管理的强化教育。

（4）培养员工的责任感，激发员工热情。针对企业中普遍存在的消极思想，必须培养员工对企业及同事的热情和责任感。如多组织开展集体活动、素质拓展等，以增强员工责任感与团队精神。

# 第六章 智能仓储的应用案例

 导言

目前,"工业4.0""智能制造"等新兴理念正以前所未有的频率和强度冲击着各行各业。作为"工业4.0"的核心组成部分,以及构建未来"智能工厂"的重要基石,智能仓储装备系统正受到业界的高度关注。

智能仓储管理实战手册

## 一、美的清洁电器事业部的一体化智能解决方案

2017年6月，美的清洁电器事业部正式成立，并在日本、美国均设有相应的研发、运营组织。目前，清洁电器事业部的多品牌运作和全球化运营已初见成效。

### 1. 项目背景

从2008年到2018年，美的集团智能制造的探索之路也踏入了第十年。这家世界500强企业对于智能制造的定义，也随着企业的发展和行业的革新，不断被完善和丰满。2008年美的对智能制造的探索始于内需，通过开展传统MES（生产过程执行系统）的建设提升产品品质；从2013年起，美的逐渐聚焦于一个核心六个维度的建设，即以智能精益工厂为核心、结合智能自动化、智能机器人、智能物流、智能信息化、移动大数据、物联网集成等六大关键技术应用；到2018年，在"人机新世代"创新战略视野下，美的智造有了更大胆的探索，不仅引进机器人、打造智能工厂、注重基于大数据的分析和打通，让所有业务互联互通，更大力打造工业互联网生态圈，向社会输出能适应各类复杂生产应用场景的自动化及商业解决方案。

### 2. 项目概况

位于苏州市的美的清洁电器事业部的注塑厂从2015年开始实施自动化改造，现有121台注塑机，每天产值30万元，可实现黑灯作业。由于效率提高，员工（两班）从之前的250人，减少至现在176人。

不只生产环节自动化，仓储系统也进行了自动化改造。厂内21条生产线下来的产品，全部混流、汇集到一条通向仓库的自动传送带上，以降低线体成本、提高效率。

"混流"输送的核心是自动分拣系统，就像给每台产品分"电影票"。高速扫码机识别到产品外包装箱侧面的条码，马上就识别出它是哪个类别的产品，并给它安排"座位"，在立体仓库的哪一行哪一排，其识别的速度达到每分钟100米，以配合整个分拣系统的高效运作。

一排2～3米高的橙色库卡机器人，整齐地站着，恭迎着从自动传送带流出的产品。经过高速扫码机识别后，产品按类别自动流到不同的机器人身边，机器人就轻松地"吸"起产品，并自动码垛。堆成垛的产品，经统一的传输带送往仓库。如图6-1所示美的清洁电器的立体仓库。

图6-1 美的清洁电器的立体仓库

高22米的立体仓库,是一个无人区,只有10个巷道里的10个机器人在前前后后、高高低低地忙着入货、出货。它们每个负责左右两排的货架。整个仓库一共有20排货架,约1.7万个库位,最多可容纳40万台成品,一天可以入库4.5万台产品,一天可以出货60个货柜。

### 3.项目成果

美的清洁电器事业部的智能工厂,从注塑车间到智能仓库,注塑机、堆码机器人、扫码机、AGV无人输送车等机器人接替工人无处不在,配合自动分拣系统、智能输送物流系统、智能仓储等数字化系统支撑起整个智能工厂高效运行,这是中国家电制造业首家"成品分拣输送、堆码和智能立库"一体化的企业,也是中国家电企业智能制造转型的标杆范本。

美的清洁电器这个立体仓占地6548平方米,如果换成平面仓库要40000平方米,总投资3981万元,比平面仓库6900万元的投资节省3000万元;日常运营上,智能立体仓库一天的入库能力可达4.5万台,出库可达60柜,还可实现一秒钟查货、一分钟出柜,每年节省搬运工等人力50人、节约运营成本500万元。

对于美的集团来说,从生产到分拣,再到立体仓库、智能物流,通过大量机器人引入等,不断推动自动化、数字化、精益化、全球化制造变革,构建起新型的智能精益生产方式,对行业的价值或者说对企业的价值,就是赋予制造的创新驱动力:基于智能工厂的美的产品合格率已高达99.9%,市场维修率减少30%,订单交付周期缩短50%,效率增长100%。这也为近年来美的集团在家电零售市场推动的"T+3"即需即供商业模式创新,成功赋能。

## 二、良品铺子的智能仓储物流中心

良品铺子是一家集休闲食品研发、加工、分装、零售服务的专业品牌连锁运营公司。2006年8月28日在湖北武汉开设第一家门店,秉承"品质·快乐·家"的企业核心价值观,坚持研发高品质产品,不断引入先进的经营管理思想。

### 1. 项目背景

为保持企业高速发展的良好势头,良品铺子选择普罗格共同将其华中物流中心打造成为良品铺子服务华中、辐射全国的自动化、信息化、智能化物流中心。

一方面,良品铺子正处于高速发展期,客户对质量、时效、配送周期的需求越来越高,未来良品铺子的物流服务需达到1~2天一配,48小时到货。由于良品物流华中物流基地既要服务华中区域业务,同时也要具备服务其他区域业务的能力,因此当前所使用的仓库面积和处理能力均无法突破瓶颈。

另一方面,10多年来良品物流一直是随着业务粗放式增长,需要向主动服务、超前服务、高效高质量服务转变,在高速发展的同时将服务管理精细化。而且良品铺子认为,随着人力成本不断上涨,集成运用自动化物流设备、信息系统、管理理念,实现人、机、物的高效协同作业,是未来物流企业降本增效的必然趋势。

为解决良品铺子成长道路上的阻碍,保持企业高速发展的良好势头,良品铺子选择由普罗格全面负责开展良品铺子华中物流中心的项目咨询、规划设计、系统集成、设备集成、工程实施顾问、现场运营与上线管理,以及良品铺子全国物流中心网点布局规划咨询等方面的工作,共同将良品铺子华中物流中心打造成为良品铺子服务华中、辐射全国的自动化、信息化、智能化物流中心。

### 2. 项目概况

根据良品铺子发展战略及未来业务需求,普罗格将本项目规划并建设成为包括仓储、分拣、包装、配送、顾客退货处理等功能的全方位、智能化、线上线下仓储物流中心。

良品铺子华中物流中心是一个典型的食品流通型物流中心,讲求快速进出与周转,商品拆零出库量大,整零合一存储。普罗格团队在深入调研后,将整体优化思路确定为打造货位精细化、作业简单共通化、高度信息化、作业智能化与适度自动化,引入自动化立体库、万向分拣机等自动化、智能化设备,以及普罗格物流管理相关软件等,软硬件充分结合,形成高效和谐的一体化作业,使良品铺子华中物流中心项目的智慧程度显著提高,与良品铺子的现阶段发展思路更为匹配。

项目一期涵盖1号、3号两个厂房区域，其中1号厂房包括一层的入库、出库作业区域，以及自动化立体库；二至五层为模块化作业区域，每层楼布局一致，均为全品规布局，单独拣选，经由输送线到一层分拨集货。

良品铺子华中物流中心一期投入使用的自动化立体库高达22米，存量近百万件，采用全自动堆垛机，实现托盘商品的自动存取，通过条码自动识别功能保证入出库的准确，主要用作大批量商品存储及出库补货作业。同时，穿梭子母车与立体库进行联动作业，实现A品、超A品整件的全自动补货，密集存储，提高仓库利用率。如图6-2、图6-3所示良品铺子商品分拣。

图6-2　良品铺子商品分拣 I

图6-3　良品铺子商品分拣 II

所有完成拣选的商品通过输送线及各楼层螺旋升降机，输送至万向分拣机进行分拣作业，各滑道分拣商品通过电子标签指引完成按门店分拣作业，经由电子便签指引集货至对应门店的集货位，配送员根据APP提示按线路顺序将各门店商品装车配送。

良品铺子华中物流中心项目凭借具备智能算法的管理系统，根据各区域的商品属性和分拣需求进行统筹规划和布局，通过操作精准高效的智能设备，针对性地解决了大、中、小件订单的不均衡、场景复杂等问题，实现了物流综合处理能力的有机匹配和全面提升。

### 3. 项目成果

良品铺子华中物流中心项目以统一仓储管理为基础展开低成本运营，提升了内部运营管理质量，并有效提高B2B（企业对企业）、B2C（企业对消费者）订单处理速度以及客户满意度，实现了信息平台统一化、物流管理标准化、订单处理迅捷化。作业效率和能力的显著提高，也标志着良品铺子华中物流中心对华中及周边地区的业务可以提供充分有力支持，解除物流服务能力的瓶颈制约，为良品铺子的高速发展增添动力。

## 三、华为的智慧供应链物流中心

华为技术有限公司于1987年成立于中国深圳，是全球领先的电信解决方案供应商。在30多年的时间里，华为基于客户需求持续创新，在电信网络、全球服务和终端三大领域都确立了端到端的领先地位。凭借在固定网络、移动网络和IP数据通信领域的综合优势，华为已成为全IP融合时代的领导者。

### 1. 项目背景

位于中国东莞的松山湖以坐拥8平方公里的淡水湖和14平方公里的生态绿地闻名于世，但在这风景宜人的自然生态圈中却隐藏着一个占地面积达25000平方米的现代化自动物流中心——华为松山湖供应链物流中心。该物流中心采用射频（RF）、电子标签拣货系统（PTL）、货到人挑选（GTP）、旋转式传送带（Carrousel）等多种先进技术，集物料接收、存储、挑选、齐套、配送功能于一体，是华为重要的样板点基地之一。

### 2. 项目概况

华为松山湖供应链物流中心按功能模块分成不同区域，包括栈板存储区及料箱存储区、货到人拣选区、高频物料拣选区、集货区等，以多位一体的先进模式，实现物流端到端业务可视及决策性业务智能处理，极大提升物流各环节协同运作效率。

（1）栈板存储区及料箱存储区。栈板存储区及料箱存储区，可覆盖华为公司所有PCBA单板原材料管理；中心仓+线边仓的物料供应模式，实现了超期管理、潮敏管理、在线循环盘点和自动补货等功能；多维度、多层次的物料管理模式，满足了业务高可靠性、高复杂性需求。

（2）电子标签拣货系统。电子标签拣货系统是在拣货操作区中货架的所有货位上，每一种货物安装一个LED（发光二极管）电子标签取代拣货单，利用数字化系统的控制将订单信息传输到该电子标签，通过信息流的交互来引导拣货人员快速准确地完成拣货过程，货物拣取后确认拣货成功，并按下相关按钮。数字化系统全过程监控，并且自动产生该订单相关信息。如图6-4所示。

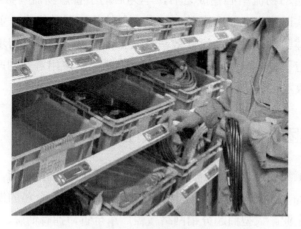

**图6-4　电子标签拣货**

电子标签借助于明显易辨的货位视觉引导，可简化拣货作业为"看、拣、按"三个单纯的动作。降低拣货人员思考及判断时间，以降低拣错率，并节省人员找寻货物存放位置所花的时间。此外，还提高了配货物流效率，降低作业处理成本。除了拣货效率提高之外，因拣货作业所需熟练程度降低，人员不需要大量培训就能上岗工作。

（3）货到人拣选区。货到人拣选区为中低频物料拣选，采用货到人的作业模式，降低了人工作业劳动强度，其二级缓存库实现了全自动出入库作业。不仅如此，该区域还通过采用PTL技术、播种式拣选、自动关联条码打印，实现了可同时处理多个订单，以及全面作业质量防呆和条码追溯。

（4）高频物料拣选区。高频物料拣选区采用小型堆垛机和流动式货架，实现了自动存储和补货作业，打造了存储、补货、拣选三位一体的立体作业模式。订单由系统进行自动下发和任务关联，通过PTL\RF、接力式拣选和拣选防呆，可高效处理相关任务。

（5）集货区。集货区根据交付对象设置不同区域，并配有多个滑道，按任务指令分滑道进行齐套，配合AGV无人智能送料小车，直接供应生产线，实现库房与生产线无缝对接。自动物流日均可处理10000个订单行，日均出库16000个LPN（注册容器编码）。

### 3.项目成果

松山湖的自动物流中心，是华为全球物流供应网络中的典型代表，也是华为供应、物流体系，从被动响应走向主动感知，向敏捷供应、智慧物流转型的结晶之一。

在松山湖自动物流中心建成之后，华为启动了智慧物流与数字化仓储项目，旨在通过构建实时可视、安全高效、按需交付的物流服务能力，主动支撑交付保障，提升客户体验，改善物流运营效率。截至目前，项目已经初步实现了物流全过程可视，打造了收发预约、装车模拟、RFID数字化应用等系列产品，已经取得了上千万元的收益。

## 四、鼎汇集团仓储管理系统突破性优化

深圳市鼎汇集团，1995年创立于深圳商业中心——东门老街，是一家长期致力于快速消费品（食品）的专业营销服务企业，经过二十余年的发展，已成为业内知名的商贸企业。大型商超分销网络覆盖广东全省，拥有箭牌、王老吉、思朗、双汇、天地一号、冠生园等分销品牌。旗下4家子公司，集团成员500人，拥有4座仓储基地，仓储面积超过10000平方米，年营业额近6亿元，业务覆盖整个珠三角。

### 1.项目背景

随着业务的不断扩展，现有的仓储管理模式已经跟不上企业前进的步伐，如库存积压、资金浪费的现象比较严重，这无形之中就增加了企业的资金成本和管理成本。鼎汇商贸集团为提高自身的仓储管理水平及效率，促进资源合理配置利用，实现更高的经济收益，决定进行仓储管理系统的项目建设。

### 2.项目概况

优化后的仓储管理系统能有效管理鼎汇商贸集团的收、发、存、拣、配、退、补的业务作业，同时根据实际作业提供全面的分析体系，在立足当前的业务基础上解决公司目前所面临的问题，并着眼于今后不断增长的业务需求和模式的转变，打造现代化食品物流中心。

实施效果如下。

（1）现场管理改善、组织流程优化。清晰了出入库分开作业区，划分了入库暂存区及发货暂存区；并对发货暂存区安装了隔离网；整个仓库进行库位编码；

并制作了目视化标识,包括作业区域标识、库区标识、货架排标识、库位标识等。如图6-5~图6-8所示。

图6-5　暂存区划线

图6-6　待发区划线

图6-7　平面摆放库位标识

图6-8　货架库位标签

(2)上线智森WMS系统,提升作业效率。实施了智森WMS仓储管理系统,仓库布置了WIFI,作业人员采用PDA进行作业,整个仓储作业由系统指引人员进行,不再依赖人员经验;对拣货单进行策略优化,实施库位随机管理以及条码扫描的出入库复核。如图6-9~图6-12所示。

图6-9　收货扫描

图6-10　打标、贴标

图6-11 入库上架，并扫描库位标签

图6-12 PDA发货复核

（3）SAP/ERP对接。鼎汇集团ERP使用SAP的Business ONE系统。智森科技WMS支持与该系统进行双向的数据对接，实现业务、财务到仓储执行的完整流程。WMS作业后的数据即时回写SPA系统，无需人工再次录入。

（4）多仓整合，实行先进先出。原来有两个公司两个仓库，实施仓储管理系统后把两个仓库两套人马合并在一起，实现了整体统一的库存管理及先进先出管理，人员从原来的50多人减少为33人。

（5）KPI绩效管理，提高员工积极性。采用WMS系统，实现了即时准确的人员仓储作业绩效，并实施计件工资，大大提高了人员的积极性。

### 3.项目成果

（1）人员的减少，降低人力成本36%以上。

（2）每年减少货品因过期而造成的损失20万元以上。

（3）减少卖场的罚款损失约10万元/年。

（4）合并仓库，提升货架利用率99%。

（5）收益合计近200万元/年。

## 五、艾酷鞋业成功上线WMS管理系统

广州市艾酷鞋业有限公司始创于1996年，是一家集开发、生产、销售、国际贸易、品牌管理于一体的大型企业。国内行销总部设在广州，主要生产经营"森林公主"高档真皮女鞋。"森林公主"品牌运作体系共有二千余人，写字楼面积2200平方米，厂房面积20000平方米，拥有3家大型自营工厂，在全国设有品牌直营店与特许加盟店400多家。

### 1.项目背景

艾酷鞋业为提高品牌知名度，提升品牌核心价值，入驻唯品会。"森林公主"

在与电商唯品会的合作中，为了降低在途库存及提升货品周转率，公司与唯品会签订了JIT（准时）供货模式。但是这种模式对于传统的分销企业的仓储管理的要求很高，稍不留意就可能造成高额的罚款及丧失合作机会。

为了应对JIT模式的挑战，艾酷鞋业决定上线壹拓WMS。随着WMS上线的第一个唯品会档期到来，一天几千双鞋，艾酷鞋业按时按量按要求准确地交付唯品会。这意味着艾酷鞋业项目成功上线，同时，标志着壹拓WMS在唯品会JIT模式的成功实践。

**2.项目概况**

艾酷鞋业针对订单的准确率、时效要求难以满足，唯品会JIT模式服务要求时效高，库存压力大，仓库作业压力大等问题，采取以下解决措施。

（1）启用新仓库，提高库存准确率。仓库从无到有，为货品提供有效的储存与保管，实施科学的库存管理控制，清晰明了库内产品种类、数量，以适应货品调节供需，防止缺货，提高服务水平；提高仓库内操作的效率和库存准确率。

（2）现场规划与5S管理。科学合理安排货品的摆放，减少过多货品的积压；标识目视化作业区域，推动标准化工作开展，使作业人员在最短的时间内，能够快速取得自己所需的物品，减少寻找物品时间的浪费；提高作业效率。

（3）WMS管理系统安装与货架安装。原来的仓库管理依赖于老员工的经验，实施WMS系统后，仓库作业由系统来指引人员操作，新人轻易上手。实行立体式货架管理，充分利用仓库空间，提高仓库容量利用率；货物存取方便，可做到货品先进先出，库存周转流畅；满足了唯品会JIT模式高效率的物流供应链的管理要求。

（4）实施周期。仅1个月的时间完成浩大的工作量，成功实施上线WMS系统。

**3.项目成果**

（1）减少高额的罚款损失。

（2）减少丧失合作机会的损失。

（3）提高库存准确率可达100%。

（4）提高作业效率60%。

（5）减少人员成本20%。

## 六、老板电器的智能仓储物流中心

1979年成立的老板电器一直致力于高端品牌的打造，是国内首家上市的厨电企业，市场占比接近1/4，位列行业第一。老板电器在"从制造向创造"转型升级的过程中，不遗余力地对物流系统建设进行投入，2015年建成国内规模最大的数字化厨电生产制造物流综合性基地，为公司的进一步发展打下了稳固的物流基础。

### 1. 项目背景

物流作为衡量服务水平的一项重要指标，一直以来备受老板电器重视，自公司成立之初便自建有物流车队。随着公司业务规模的扩大，高效率的物流设备及系统也被逐步引入，实现自动化仓储作业。但是，在老板电器持续、快速地发展之下，原有的物流系统难以支持庞大的业务量及复杂的物流作业，主要表现在以下方面。

（1）业务量不断上升。老板电器一直保持着不错的业绩增长，特别是自2010年上市之后，更是以30%左右的年增速快速发展，年销售量从不到100万台攀升为如今近500万台，对仓储容量、物流运作效率和管理水平的要求不断提高。

（2）个性化需求增多加大管理运作难度。由于消费者个性化需求越来越多，客户定制化已经成为趋势。对于物流而言这意味着品规的增多以及物流管理运作难度的加大。因此，在新兴的环境之下，无论生产还是配送，消费者的个性化订单都需要依靠智能化的物流系统来实现，从而满足客户需求，提高客户满意度。

（3）与高端品牌相匹配。老板电器作为行业领军企业，始终怀揣树立行业标杆、带领行业发展的责任感。同时，作为高端厨电品牌，老板电器不仅要向消费者提供高品质的产品，还需要不断提高服务、物流等全流程的质量与效率，以提高客户体验。建设智能物流仓储中心可以加快物流作业效率，节省人力，减少仓储面积，更好地响应订单需求，正是老板电器服务升级的重要保障。

（4）把握行业发展趋势。物流是决定企业未来的重要因素。老板电器在拥有强大的产品和良好的品牌情况下，自建物流体系也就意味着在未来拥有更强的竞争优势，实现成为百年企业的梦想。

因此，随着公司业务量的大幅上升，为了节省人力，提高运营效率，提升客户满意度，使企业拥有更强的竞争优势，老板电器数字化智能制造物流基地应运而生。这既标志着老板电器仓储物流开始进入智能化时代，也是整个厨电行业物流系统升级优化的开先河之举。

### 2. 项目概况及组成

老板电器数字化厨电生产制造物流综合性基地是全国最大的厨电生产基地，总投资7.2亿元，总建筑面积约26万平方米。该生产基地将新增100万套吸油烟机与燃气灶、40万台消毒柜和微波炉、30万台烤箱的产能，形成年产270万台厨房电器产品的生产能力，并拥有支撑800万台产能的智能仓储物流中心。

其中，数字生产基地配备5条厨电行业最具柔性的装配线，并为二期项目预留4条生产线，采用2S（灵敏度Sensitivity+速度Speed）精益管理方法，每条产线平均用时35～40秒完成一件产品的装配及检测打包。智能仓储物流中心则同时负责该数字生产基地与老板电器其他所有工厂产品的存储、拣选与发货作业，其服务对象不仅包括各地经销商、门店等线下客户，还包括电商以及工程项目等所有渠道，物流系统的复杂程度不难想象。基于此，智能仓储物流中心通过在国内公开招标，最终由昆船、世仓两家国内知名的物流设备及系统提供商量身打造的解决方案获得青睐。

该中心由自动化立体库系统、自动码垛系统、传送系统等组成。自动化立体库高31.5米，共32796个托盘存储位，配备18台巷道堆垛机，出入库能力为8小时10000套（吸油烟机+燃气灶）。自动化立体库旁边的作业区共分为六层，其中一层为老板电器其他工厂货物入库及出库区；二层为该生产基地货物入库及整托盘出库区；三层为拆零作业区（仍以托盘为单位）及拆零货物出库；四、五、六层为作业预留区（四层存放部分零散货物）。如图6-13所示。

图6-13　自动化立体仓库

自动码垛系统由5台机械手（码垛机器人）组成，可以针对不同的商品需要完成不同形式的码垛，如有的托盘只存放同一型号的产品，有的托盘则是混合型号的产品；有的存放多台产品，有的仅存放一两台。如图6-14所示。

自动传送系统包括环形穿梭车系统、输送线系统及垂直提升机系统。负责出/入库的环形穿梭车共31台,最高速度为160米/秒(见图6-15)。垂直提升机共4台,既负责货物出库(主要针对零拣货物),同时也负责其他厂区货物的入库作业。

图6-14 机械手码垛

图6-15 环形穿梭车

主要作业流程如下。

(1)入库。该智能仓储物流中心的入库作业主要分为两大部分,一部分是基地内生产的货物入库;另一部分则是基地外(其他厂区)的货物入库。

基地内生产的货物在装配线上完成质量检测和包装后,直接通过输送线被送至自动码垛机器人作业站台进行码垛。如图6-16所示堆垛机叉取货物。

系统根据各条线的使用情况分配码垛站台,同时将货物与托盘进行关联。

基地外由其他厂区生产的产品则直接以带托盘运输的方式被运送到基地,由叉车搬运至一楼入库作业区后根据系统上货指令将托盘货物放置在输送线上。图6-17所示为进入入库输送线。

图6-16 堆垛机叉取货物

图6-17 进入入库输送线

输送线旁设置的检测识读设备首先读取托盘条码,WMS进行信息核对并分配货位,WCS智能调度系统从多条路径中根据4台垂直提升机的任务量、优先级、繁忙度等为其规划最近的路线,最终货物通过指定的垂直提升机上到二楼准备进入自动化立体库,或者直接上到三楼进行拆零拣选作业并入库。如图6-18所示为扫描选择入库线路,图6-19所示按照规定线路入库。

(2)上架。系统根据各台环形穿梭车的作业繁忙情况分配任务,环形穿梭车接受上架指令后,先运行至输送线末端装载已经码垛完毕的托盘货物,送至系统指定的自动化立体库上货口,巷道堆垛机再将货物送至指定货位。如图6-20所示。

图6-18　扫描选择入库线路

此外,一楼通过垂直提升机运送上来的托盘货物,以及三楼拆零完毕再送至二楼的货物,均通过环形穿梭车运送至自动化立体库入口。

图6-19　按照规定线路入库

(3)拆零分拣。在系统繁忙时,拆零分拣作业往往会提前完成以保证出货效率。即三楼拆零作业区(或者在智能码垛机器人码垛时)按照订单提前将货物按一层堆放(如吸油烟机一般堆放两层,每层4台或者6台)或按照订单组盘,

图6-20　堆垛机按系统分配货位上架

再将其缓存至自动化立体库,卡车到位之后直接从自动化立体库出货装车。

在系统作业量不大时,则待订单汇总后再进行拣货作业,整托盘货物从自动化立体库出库,零散货物从三楼或者四楼直接出货到一楼。例如,某电商平台需要20台产品,则先从自动化立体库找到堆放12台产品(双层)的托盘和6台产品的托盘(单层)出库,再从四楼出2个产品。

事实上,由于客户通常会以托盘货物数的倍数要货,而自动化立体库效率非常高,因此该智能仓储物流基地的拆零分拣作业量非常小。

（4）出库。整托盘货物以及提前暂存于自动化立体库的拆零货物直接由自动化立体库出货，由巷道堆垛机将货物送至出货口，环形穿梭车小车将其转运至相应的出货月台。其他拆零拣选的货物则可以直接通过垂直升降机出货。出货时，输送线末端的信息读取设备会再次读取托盘信息，保证货物品类及数量的准确性。如图6-21所示。

图6-21 货物出库

（5）装车。叉车司机根据系统指令叉取货物至卡车旁，由装车作业人员进行装车，系统解除货物与托盘的信息绑定，托盘回收。货物通过系统规划，严格按照码垛产品大小、方向等实现车辆装载空间的最大化利用，最后发往老板电器的82个分公司以及各大电商平台或自营平台。

### 3.项目效果及亮点

通过老板电器、昆船、世仓的通力合作，该智能仓储物流中心在短短一年内（含土建）便竣工投入运营，运营效果显著：节省了全部的人力，仓储占地面积减少一半，日发货量成倍提升。干净整洁的仓储环境、顺畅有序的作业流程、紧凑高效的作业衔接无一不是该项目的突出亮点。

（1）多项行业第一。老板电器智能仓储物流中心在单体仓储面积、货架高度、托盘规格、作业自动化程度等多个方面创下行业第一。

（2）灵活的拣货策略。该物流中心可以实现多种灵活的拣货策略。例如，针对个性化需求客户越来越多的情况，物流中心采用单个产品货架存放，利用自动化分拣设备拣货后到垂直提升机端口重新组盘，或者先组盘再缓存于自动化立体库。另外，将以前一个订单一件货品的快递发货模式改善为一单多件，即系统对客户定制化的多件商品进行组盘入库再发货。如此一来，物流作业效率得到大大提升。特别是在促销日等订单高峰期，这种拣货策略可以很好地缓解拣货压力。图6-22所示为货物缓存，图6-23所示为通过垂直提升机进入自动化立体库。

图6-22 缓存

图6-23 通过垂直提升机进入自动化立体库

（3）多样化的组盘方式。自动化立体库有足够的存储空间，因此码盘时可以根据订单需要以尽量减少分拣为前提，即有的托盘码放一层，有的码放两层，有的组盘，有的存放单个产品，以减少后续物流作业环节。

（4）高效的物流设备与功能强大的系统。该智能仓储物流中心采用了多种高效的物流设备，如自动码垛机器人等。在装车环节还引进了夹抱式叉车以及皮带伸缩机等多种装车设备。其中夹抱式叉车大幅提高了大件货物的装车效率，由之前的9人/小时缩短为4人/小时，并大大降低了作业人员的劳动强度。如图6-24、图6-25所示。

图6-24 夹抱式叉车

图6-25 皮带伸缩机

图6-26 监控系统

更为重要的是,该智能仓储物流中心采用了昆船最先进的TIMMS3.0整体集成物料管理系统,保证货物的高效出入库。目前在作业量较少的情况下实现每小时90托盘出入库流量,设计能力可以达到每天20000件货品的出入库能力。此外,系统还会规划托盘货物的出入库顺序,以保证最后装车环节货物的合理摆放,以最大化利用车辆空间。借助强大的系统,整个二楼作业区全部实现无人化,只需要一个人通过信息系统监测物流全过程即可。如图6-26所示。

## 七、齐心文具智能物流仓储系统整体解决方案

深圳齐心集团股份有限公司始创于1991年,是为企业提供现代办公整体解决方案的服务商,2009年,齐心文具在深圳A股成功上市,主营业务围绕大办公产业链所涵盖的硬件、软件和服务等多个领域,2013年齐心文具年产值达16.8亿元,相比于2012年增长14.63%,多年持续增长。

### 1.项目背景

随着公司多年销售业绩持续增长,企业货物流转越来越快,原来的物流中心远不能满足企业快速发展需求。为此,齐心集团启动新建一个现代化物流仓储中心项目,并全球招标。

经过资质审查、公司考察、案例现场考察、技术标、商务标等多个环节,历时4个月时间,神马智慧从最初30多家企业中脱颖而出,一举拿下该项目。

### 2.项目概况

(1)该项目是齐心文具建立的第一个综合性物流中心,要求满足未来5～7年的物流仓储与配送需求。

(2)项目必须为现代化、自动化、智能化的仓储物流系统整体解决方案。

(3)降本增效,相对于旧物流中心必须提升60%的货物周转效率,同时减少80%的人工。

(4)项目软件系统必须和齐心的OA(办公自动化)、生产、财物等其他ERP系统进行数据对接、数据备份。

(5)系统必须安全、可靠、高效。

(6)项目时间紧,周期短,整个项目8个月时间必须进入试运营阶段。

**3.项目成果**

(1)自动化立体仓库及普通货架仓库。项目采用自动化立体仓库及普通货架仓库相结合的方式,选用双深位堆垛机、滑靴分拣系统、横梁式货架、搁板式货架、驶入式货架、往复式提升机、电子标签等设备,并定制开发WMS管理系统、WCS控制系统。通过对物流设备、管理软件、控制系统的集成,有效解决原材料入库、OEM成品入库、成品整托盘、成品整箱、拆零拣选出库等作业难题。如图6-27所示。

图6-27 自动化立体仓库效果图

(2)立体库设计。立体库设计采用双深位堆垛机,其中4排34列8层计1088货位,8排28列8层计1792货位,12排1列6层计72货位,合计共2952货位。如图6-28所示。

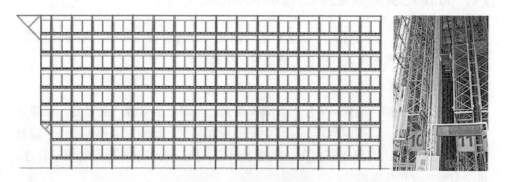

图6-28 立体库货位设计

（3）物流输送分拣系统。物流输送分拣系统实现高度自动化，达到节省人力成本目标。如图6-29所示。

图6-29　分拣系统

（4）系统配合。所有系统配合必须满足3500件/时基础出库量，最大达到4500件/小时出货量。

## 八、海澜之家量身定制的智能化物流系统

"海澜之家"（英文缩写：HLA）是海澜之家股份有限公司旗下的服装品牌，主要采用连锁零售的模式，销售男性服装、配饰与相关产品。

### 1. 项目背景

海澜之家采用"品牌+平台"的商业模式，海澜之家掌握产品开发、品牌管理、供应链管理、营销网络管理，将中间的成衣生产、运输配送外包出去。随着海澜之家连锁门店网络不断扩大，实现了门店、供应链和服务标准的统一管理，带动海澜之家销售额增长。

最初海澜之家物流中心采用平库、手工操作为主。随着公司业务发展，把原

来一层的库房改成2层,新建的库房设计成三层。如今,进入偌大的海澜之家物流园区,呈现在眼前的并不是在很多工厂常见的上下货忙碌景象,除了少量扫描人员和叉车工,人气并不"旺"。以存储量达4000万件的海澜之家箱装货品高位自动库10号仓库为例,目前只需配备100人,而同样存储量的平库要配备至少600人,也就是说,海澜之家高位库用人量只有平库的1/6。

**2. 项目概况**

在江阴市华士镇,海澜之家物流园与研发大楼隔路相望,这座物流城由24座仓储库房、分拣中心和发货大厅组成,总建筑面积80万平方米,总投资16亿元,其智能仓储系统于2013年11月投入使用。智能仓储系统由2座自动化立体仓库、3个发货大厅、1个配送中心组成,设计库存总量为146.4万箱,存储能力为8000万件货品,出入库能力均可达到32万件。

(1)集成物流系统。整个处理流程覆盖了9号楼和10号楼的2座立体仓库、16号楼的拣选区域,17号楼的挂装区域,21、22、23号楼的发货区及18、19、20号楼的退货区。该立体库高27米、配备了30台堆垛机、274台托盘输送机、8台穿梭小车,可提供73200个托盘位。

智能仓储系统涵盖了自动仓储、批次拣选、自动分拣、发货、退货处理等功能,整套系统集成了立库、语音拣选、箱式输送线、螺旋输送系统、交叉带分拣和弹出轮式分拣系统。

由于每件衣服都有唯一的条形码,公司能准确管理每件衣服的存储、配送和销售。智能仓储系统的电商仓库采用了自动称重复核校验系统,可大幅降低发货错误,电商订单发货准确率高达100%。

(2)物流作业流程。作为海澜之家唯一的配送中心,物流园几乎没有淡季旺季之分。因为海澜之家承担了供应商的库存管理,不断有货品送到要入库存放。同时海澜之家要按需及时对门店配送补货,进货、出货等各项业务总是以滚动方式不断进行。海澜之家箱装大部分从纸箱中拣选,约占总量的70%,其余为挂装。

(3)入库存储。货物到达后,首先由质检员对货品进行抽检,再进入9号和10号自动化立库。工作人员从送货纸箱取出商品,逐一扫描商品条码,然后放入海澜之家的标准箱里。为了合理利用空间,收货区设计了空中悬挂线,用于新箱的补充与旧箱回收。如图6-30所示。

3条扫描箱操作线共36个工位,每天可完成16万件扫描换箱量。作业人员随后将纸箱码放在托盘上进行组盘,扫描托盘条码,之后由叉车搬运至自动仓库前段的输送线。如图6-31所示。

图6-30　商品扫描

图6-31　托盘扫描

（4）拣选出库。9号和10号库的托盘货物由堆垛机取出后，统一放入4层出库。货物送到立体库前端的输送线时，作业人员从托盘中取出纸箱，放在箱式输送线上，送至拣选区。

高物量品规出库后，通过倾斜式输送线，在9号和10号仓库的3层利用语音拣选系统进行拆零拣选。中低物量的货物经4层出库后，向16号楼的4～6层补货区补货。

两套3层的交叉带分拣机可以同时处理500家门店的订单，处理能力达到40000件/时。分拣后的货品进行自动封箱、贴标、裹膜，从包装区域过来的订单货物汇总后，经箱式输送线送至36000平方米的发货大厅。如图6-32、图6-33所示。

图6-32　商品分拣

图6-33　自动封箱

货物通过弹出轮式分拣机分到各个道口，再装车送至门店。每天有两个发货波次，分别安排在上午和下午。海澜之家准时发货率高达98%，长江流域一带的门店当天即可收到货物，如乌鲁木齐这样偏远的门店需要5天内到货。

（5）挂装产品。挂装产品在两栋各有7层的挂装自动库里存放和拣选，每层有输送线连接。总库采用悬挂输送系统,总容量达到120万件。以23号仓库为例,1层是发货大厅,2层是分拣区域,3～7层是收货区域。挂装自动库共有183条轨道,意味着每个波次可以为183家门店分拣货品。如图6-34所示。

**图6-34　挂装自动库**

出库前,挂装服装从衣架上取下放入纸箱,再汇集到发货大厅一起装车运输。自动悬挂仓库配备了空箱输送线和自动裹膜设备。所有出库产品都将汇集到发货大厅,等待发货装车,送往不同区域。这意味着从不同仓库出来的货物需要同一时间到达发货大厅。

(6)退货处理。与其他服装企业批发代理不同,海澜之家对全国门店拥有直接经营管理权。当货物销售接近尾声时,换季货品便会退回到物流中心,中心调整尺寸和款型,再重新配送到市场上销售。因此,海澜之家的退货处理量要比别的服装企业大。

所有入库退货的货物在18号仓库扫描后更新库存,再放入料箱。退货商品到达19号楼进行质检,确认是否适合二次销售。产品经预分拣后,各类服装按照不同类型如裤装、衬衫和T-恤进行分拣暂存,之后在20号楼分拣。

### 3.项目成果

该智能仓储系统为海澜之家的快速发展提供了强大支撑,产生了多重效应,主要体现在以下几方面。

(1)集成物流系统的货到人模式,大大加快了作业速度,提高了作业效率,原来24小时才能处理完成的配货量,现在只需8小时。

(2)自动化立体库的存储量是原来平库的7倍,大大提升空间利用率,减少了仓储用地。

（3）批次拣选减少了人工处理量，人力成本节省了60%。高度信息化和自动化的物流系统吸引了更高素质的员工加入，整个园区大专、本科学历人员比例大幅增加。

## 九、海王星辰实现仓储管理自动化和系统化

海王星辰是目前国内直营门店数最多的跨区域连锁药店。在中国医药零售行业，海王星辰率先引进国外先进的医药连锁经营管理技术，积极研究与开拓医药、健康等产品终端零售市场，创立了适合中国国情的现代零售药店"海王星辰健康药房"。

### 1.项目背景

近几年，以海王星辰、老百姓等为代表的民营连锁药店得到了迅速扩张，由于药品种类过于繁杂，客户分散，票据过多，急剧扩张之后的连锁药店企业在信息流处理上遇到了各种各样的问题。海王星辰从1996年的第一家社区零售药店开始，到现在已经有3000多家连锁药房，需要采购的正规药品就有数万个品种，如何将繁杂的药品种类和大量营业单据进行规范整理，及时了解各商品的库存情况，并以直观的信息化平台方式展现出来是一个难点。

### 2.项目概况

（1）客户需求调研。根据客户调研的情况了解到，海王星辰在仓库管理中主要存在以下几点问题。

① 传统手工记账盘点，经常出现漏盘、错盘的情况，导致盘点数据不准确。

② 仓储管理中的上架、移货、整理或搬运货物、出库操作等，工作量大、耗时长。

③ 无法将数据进行实时传输、对比库存差异，信息共享难度大。

（2）系统功能说明。海王星辰自动仓储管理系统说明如图6-35所示。

（3）PDA应用

① 登录。仓管人员输入员工号、密码登录PDA终端系统，系统根据下载到PDA的用户，验证用户信息是否正确。

② 仓库验收。补货员/验收员通过PDA终端对验收区货物进行扫描和采购订单录入操作，输出为入库单后保存，确认验收操作。

③ 入库上架。理货员根据入库单，扫描商品条码标签并根据系统提示的货位进行上架，最后再扫描货架上的条码确认上架完成。

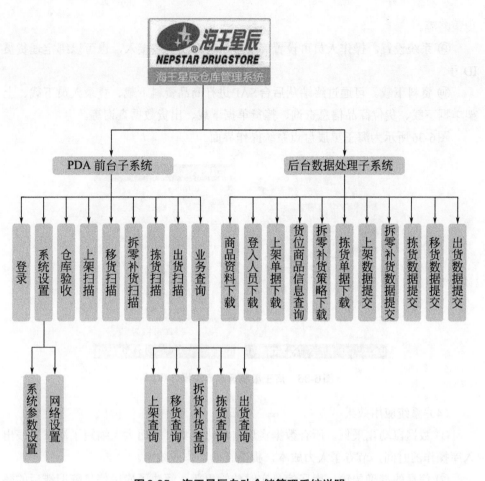

图6-35 海王星辰自动仓储管理系统说明

④ 移货扫描。理货员收到移货通知后扫描被移商品货位，系统列出货位商品，操作员选择指定商品后，扫描该商品并输入移动数量，最后根据系统提示扫描新货架条码确认移货完成。

⑤ 拆零补货。理货员从SAP下载需拆零补货的商品明细，然后扫描片区货位并输入拆零补货的数量，最后确认提交。

⑥ 拣货配货。理货员通过终端SAP扫描通道号，下载本通道需拣货的任务明细，然后根据指示拣货装入箱内，并扫描拣货箱号，输入实际拣货量等确认拣货完成。

⑦ 装箱出货。理货员扫描商品查询该商品信息及对应门店，确认出货后记录出货信息，并上传提交。

⑧ 业务查询。可通过终端查询出/入库单，上架、移货、拣货信息，拆零补

货策略等。

⑨ 系统设置。操作人员可设置终端所属仓库及网络接入，也可以绑定理货员ID号。

⑩ 资料下载。可通过终端从后台SAP进行商品资料下载、登录人员下载、上架单据下载、货位商品信息查询、拣货单据下载、出货数据查询等。

图6-36所示为海王星辰盘点系统操作界面。

图6-36　海王星辰盘点系统操作界面

（4）系统应用效果

① 数据自动化采集。所有数据实现自动化采集，从而大大缩短了海王星辰出入库操作的时间，节省了人力成本，提高了仓库作业效率。

② 信息的准确传输。库房信息实时传输更新，解决了库房信息陈旧滞后的弊病，正确的进货发货和实时库存控制，确保了企业资源的高效利用。

③ 电子数据实时保存。电子数据取代传统纸质文字信息保存方式，提高了数据统计的准确性，方便海王星辰在日后的单据查询和调用工作。

④ 精准的仓库作业管理。条码系统的全面应用，实现了海王星辰仓库作业中的单品追踪、保质期管理、批次管理以及产品质量追溯等。

### 3.项目成果

海王星辰仓库条码系统方案以手持终端PDA为依托，利用无线网络与后台SAP系统进行数据交互，来实现仓库管理的高效、高速化操作。采用的优博讯手持终端，体积较小，在搬运、整理物品等情况也便于携带。该方案一经使用，不仅提高了海王星辰仓管人员的工作效率，而且在药品移动或者搬运整理过程中，也可以及时进行盘点扫描。同时，通过终端盘点系统，可以更清楚地了解库存的情况，从而彻底解决了海王星辰仓库管理难的问题。

## 十、洋河酒厂的自动码垛和物流仓储系统

江苏洋河酒厂股份有限公司，位于中国白酒之都——江苏省宿迁市，在岗在职员工近3万人，下辖洋河、双沟、泗阳三大酿酒生产基地和苏酒集团贸易股份有限公司，是拥有洋河、双沟两大"中国名酒"、两个"中华老字号"的企业。

**1. 项目背景**

随着产品销售的不断增长，洋河酒厂包装物流能力不足的矛盾也日趋突出。为突破发展瓶颈，保证市场需求，实现企业新发展、新跨越，洋河酒厂管理层高瞻远瞩，从2007年，总投资12亿元、总面积22.5万平方米（375亩）的洋河酒厂自动化包装物流中心技改扩建工程正式开工（不包括酿酒基地投资），新建60000平方米包装生产厂房、8300平方米成品库房、62500平方米包装材料库房、100000吨散酒库、16条包装自动化生产线等。

其中，从包装线末端自动送箱、自动码盘、自动入立库、自动出库，到空托盘自动逆向物流的自动化码垛、输送及仓储物流系统，经过招标评标，由上海拓野物流设备有限公司（以下简称"拓野物流"）总承包实施。并于2009年9月竣工投入使用，从而宣告我国白酒行业第一个现代化、自动化包装物流中心在洋河酒厂正式启用，实现了从包装封箱后的自动输送酒箱、自动码盘、自动入库、自动立库存储、自动出库、空托盘自动回流的全自动物流仓储流程，结束了我国白酒行业重酿造工艺轻包装、物流的传统。

该自动化包装物流中心建成后，洋河酒厂实现了原辅材料供应、包装生产、物流配送一体化，可以全面满足每天超过10万箱酒、超过150亿元的年市场销售需求。包装物流中心每条自动化生产线生产效率提高近一倍。自动化仓库与现代化生产线自动连接，并引进了多个码垛机器人，实现了无人仓库和自动堆码，各项技术在同行业均处于领先地位。

基于对前期项目的高度认可，2011年初，洋河酒厂决定建设第二套自动化码垛、输送及仓储物流系统。经过招标，该系统也由拓野物流负责承建。

**2. 项目概况**

在国内酒类行业，洋河酒厂自动化码垛、输送及仓储物流系统是目前由国内自行承建并投入使用的规模最大、高度最高、系统最复杂、自动化程度最高、管理最先进的白酒成品自动码垛和物流仓储系统。该系统由自动化立体仓库（AS/RS）、成品酒箱输送系统、多关节机械手系统及计算机库存管理和控制系统（WMS/WCS）组成。

（1）自动化立体仓库（AS/RS）。自动化立体仓库（AS/RS）包含以下部分。

① 立体仓库货架系统1套，9个巷道18600个托盘货位，在物流中心发挥主要的储存功能。

② 有轨巷道堆垛机9台，高度21.7米，采用国内目前最新堆垛机技术，是托盘入出库的主要搬运工具。

③ 托盘输送机系统2套，采用了滚筒输送机、链条输送机、升降台、穿梭小车、托盘提升机、托盘拆分机、LED显示屏、尺寸检测装置、条码阅读系统、自动缠绕膜等单机设备和系统。其中包括：一楼出库及回库输送机系统，负责完成出库托盘的自动输送，以及空托盘垛或零盘的自动回库输送；二楼入库和空托盘回库输送机系统，负责完成整托盘的自动入库输送，以及空托盘垛的自动入库输送及回库输送。如图6-37所示。

图6-37　托盘自动输送系统

④ 钢结构平台1套，支撑二楼托盘输送机的结构，以及支撑参观走廊。

⑤ 远程控制系统1套，负责实现监控计算机和设备PLC之间的数据交换和通信。

（2）成品酒箱输送系统。成品酒箱输送系统8套，未来还规划了16套，每套对应一条生产包装线。采用了滚筒输送机、皮带输送机、爬坡输送机、积放滚筒、转向机构、镂空抓取输送机、阻挡器、自动控制系统等单机设备或系统。

成品酒箱输送系统负责将成品酒箱经自动封箱后自动输送到机械手抓取位置，并按照当前品种的码垛垛型实现指定数量的酒箱直行或转向。为适应包装线的不均匀性，系统设计了较强的积放缓冲能力。如图6-38所示。

图6-38 成品酒箱输送系统

(3)多关节机械手系统。多关节机械手系统由一期4台、二期4台组成,负责把成品酒箱输送系统自动输送过来的成组酒箱抓取过来,按照当前品种的垛型,按照先后顺序码盘。该系统由瑞典原装进口的机械手本体和自动控制、国产夹具和自动控制组成。

每台机械手能完成两条包装线成品酒箱的码盘,可适应十几种"蓝色经典"系列酒箱的码盘,以及120多种其他洋河白酒酒箱的码盘。如图6-39所示。

图6-39 多关节机械手系统

(4)集成化库存管理和控制系统。集成化库存管理和控制系统由计算机硬件系统、软件系统、无线终端RF系统组成,是整个物流仓储系统信息高度自动化和集成化的执行系统。整个系统在稳定的硬件系统基础上,WMS软件系统得以稳定运行,再广泛应用RF无线技术,结合自动码垛、自动输送系统,实现了无纸化、自动化作业,大大提高了作业效率与准确率。

### 3.项目成果

洋河酒厂自动化码垛、输送及仓储物流系统通过采用自动化物流系统,减少了大量操作人员;通过将包装车间和立体仓库集成建设并自动化连接,减少了大量的中间搬运环节,大幅降低了厂内物流搬运成本,也避免了因雨雪天气给生产带来的不便,保证了生产连续稳定;通过仓储立体化,还节省了大量土地资源。投入运行后,每天的发货连续不断,运行稳定,对洋河的销售起到了有力的保障作用。

在洋河新的工业园中,自动化包装物流中心已担负起物流周转调度的中枢作用。WMS接入了上游ERP系统的末端数据,同时衔接了来自下游销售部提供的数据信息,与高度信息化、高度自动化的现代物流仓储技术相结合,使产品存取的效率和准确率得以有效提高。

洋河自动化包装物流中心作为国内白酒行业建成使用的第一个成品自动码垛与仓储项目,不仅填补了国内空白,企业也分享了现代化物流的成果,其成功应用在同行业中产生了广泛影响。

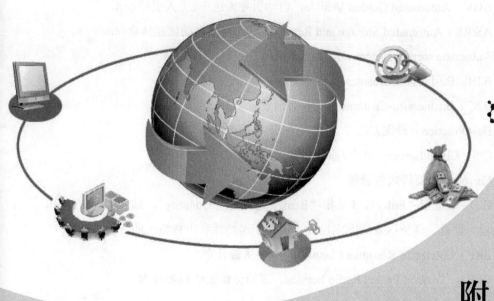

附录

AGV：Automated Guided Vehicle，自动引导搬运车/无人引导小车

AS/RS：Automated Storage and Retrieval System，自动化立体仓库

Automatic sorting system：自动分拣系统

B2B：Business-to-Business，企业对企业

B2C：Business-to-Custome，企业对消费者

Best Practice：最优方法

C/S：Client/Server，客户/服务器模式

Carrousel：旋转式传送带

EIQ：E是指"Entry"，I是指"Item"，Q是指"Quantity"，即是从客户订单的品项、数量、订货次数等方面出发，进行配送特性和出货特性的分析

ERP：Enterprise Resource Planning，企业资源计划

GPRS：General Packet Radio Service，通用分组无线服务技术

GTP：货到人挑选

JIT：Just In Time，准时

KPI：Key Performance Indicator，关键绩效指标

LED：发光二极管

LPN：License Plate Number，注册容器编码

MES：Manufacturing Execution System，制造企业生产过程执行系统

OA：Office Automation，办公自动化

ODM：Original Design Manufacturers，原始设计制造

OEM：Original Equipment Manufacturers，原始设备制造

PDA：Personal Digital Assistant，掌上电脑

PLC：Programmable Logic Controller，可编程逻辑控制器

PMC：Production material control，生产及物料控制

PTL：电子标签拣货系统

PU：poly urethane，聚氨酯

PVC：Polyvinyl chloride，聚氯乙烯

RF：Radio Frequency，射频

RFID：Radio Frequency Identification，无线射频技术

RGV：Rail Guided Vehicle，有轨制导车辆，也称穿梭车

SAP：System Applications and Products，企业管理解决方案软件

SKU：Stock Keeping Unit，库存量单位

SOP：Standard Operating Procedure，标准作业程序

VPS：语音拣选系统

WCS：Warehouse Control System，仓储控制系统

Wi-Fi：一种允许电子设备连接到一个无线局域网（WLAN）的技术

WMS：Warehouse Management System，仓储管理系统